A HISTÓRIA DA SALVAÇÃO

1

EUCARISTIA

LEOMAR A. BRUSTOLIN (COORD.)

CASA DA INICIAÇÃO CRISTÃ

CATEQUISTA

Paulinas

Dados Internacionais de Catalogação na Publicação (CIP)
(Câmara Brasileira do Livro, SP, Brasil)

> Casa da iniciação cristã : eucaristia 1 : A história da salvação: catequista / Leomar Antônio Brustolin, (org.). – 7. ed. – São Paulo : Paulinas, 2017. (Coleção Casa da Iniciação Cristã)
>
> ISBN: 978-85-356-4254-4
>
> 1. Catecumenato 2. Catequese - Igreja Católica 3. Eucaristia 4. Liturgia 5. Testemunhos (Cristianismo) I. Brustolin, Leomar Antônio II. Série.
>
> 16-00269   CDD-268.82

Índice para catálogo sistemático:
1. Iniciação cristã : Igreja Católica : Cristianismo   268.82

7ª edição – 2017
10ª reimpressão – 2025

Direção-geral: Bernadete Boff
Editora responsável: Vera Ivanise Bombonatto
Redatores: Pe. Eleandro Teles, Lorena Basso,
Pe. Jocimar Romio,
Pe. Oscar Chemello e
Rosalina Cassol Schvarstzhaupt
Colaboradores: Fabiane Pasa,
Pe. Ricardo Fontana,
Patrícia Teixeira de Lima e
Pe. Carlos Gustavo Haas
Copidesque: Ana Cecilia Mari
Coordenação de revisão: Marina Mendonça
Revisão: Sandra Sinzato
Gerente de produção: Felício Calegaro Neto
Projeto gráfico: Claudio Tito Braghini Junior

Nenhuma parte desta obra poderá ser reproduzida ou transmitida por qualquer forma e/ou quaisquer meios (eletrônico ou mecânico, incluindo fotocópia e gravação) ou arquivada em qualquer sistema ou banco de dados sem permissão escrita da Editora. Direitos reservados.

Cadastre-se e receba nossas informações
paulinas.com.br
Telemarketing e SAC: 0800-7010081

Paulinas
Rua Dona Inácia Uchoa, 62
04110-020 – São Paulo – SP (Brasil)
(11) 2125-3500
editora@paulinas.com.br
© Pia Sociedade Filhas de São Paulo – São Paulo, 2009

SUMÁRIO

Apresentação 5
O espaço da catequese 7
Leitura orante da Palavra 9
Como realizar o encontro de catequese? 11
Planejamento 17
Calendário 18
Encontros de catequese 21
  1 Vamos caminhar juntos (João 13,34-35) 22
  2 Jesus está no meio de nós (Atos 10,37-42) 28
  3 A Bíblia é a Palavra de Deus (2 Timóteo 3,15-17) 33
  4 Deus criou o céu e a terra (Gênesis 2,4-10) 39
  5 Somos imagem de Deus (Gênesis 1,26-28) 44
  6 A quebra da Aliança (Gênesis 3,1-7) 49
  7 Deus não abandona a criação (Gênesis 6,5-8) 54
  8 Uma jovem chamada Maria (Lucas 1,26-38) 60
  9 O nascimento de Jesus (Lucas 2,1-7) 66
10 João batiza Jesus (Mateus 3,1-17) 72
11 Jesus convida discípulos (Marcos 1,16-20) 77
12 Jesus ensina a rezar: o Pai-Nosso (Mateus 6,9-15) 82

13	Jesus acalma o mar (Marcos 4,35-41)	87
14	Jesus entra em Jerusalém (Lucas 19,28-38)	92
15	A última ceia (Lucas 22,14-20)	97
16	Jesus foi crucificado (João 19,25-30)	102
17	Jesus ressuscitou (Lucas 24,13-33)	107
18	Abraão: homem de fé (Gênesis 12,1-3)	113
19	Jacó: pai de doze filhos (Gênesis 25,29-34)	118
20	José: o irmão vendido (Gênesis 37,18-28)	123
21	A escravidão no Egito (Êxodo 1,6-14)	128
22	Moisés e a Páscoa (Êxodo 14,21-25)	133
23	Os Dez Mandamentos (Êxodo 20,1-17)	138
24	A terra, os juízes e os reis (1 Samuel 8,1-9)	143
25	O exílio: longe de casa (2 Reis 24,8-16)	149
26	Os profetas falam em nome de Deus (Jeremias 1,4-10)	154
27	O Messias esperado (Mateus 11,2-6)	159
28	Seguir o caminho (2 Timóteo 3,14-15)	164

Celebrações 169

    Celebração de início do ano catequético 170

    Celebração com rito de entrega da Palavra 173

    Celebração com entrega do Rosário (terço) 175

    Celebração com entrega do Pai-Nosso 177

    Celebração com entrega da lei de Deus 179

    Encerramento da catequese e renovação das promessas do Batismo 182

Encontros com as famílias e os catequistas 187

1	Deixai as crianças virem a mim (Lucas 18,15-17)	188
2	Quem é Jesus para nós? (Marcos 8,27-30)	193

Encontros dos catequizandos com familiares em casa 197

1	Jesus anda sobre o mar (Mateus 14,22-33)	198
2	Nós cremos em Jesus (Marcos 5,25-34)	201

Comemorações da Igreja 204

Orações 206

APRESENTAÇÃO

Prezado(a) catequista

Colocamos em suas mãos a coleção Casa da Iniciação Cristã: Eucaristia 1 – Catequista. Ela é resultado da experiência de muitos catequistas que viveram cada um desses encontros antes de serem publicados. Esta proposta é uma versão revisada e ampliada da Coleção Catequese com Leitura Orante, sendo especialmente ajustada aos atuais desafios da evangelização.

A Catequese está fundamentada na Palavra de Deus e na Tradição da Igreja e utiliza a metodologia de inspiração catecumenal. A centralidade na Sagrada Escritura supõe acolher a Palavra de Deus para colocar em prática "tudo o que ele disser" (Jo 2,5). A metodologia de inspiração catecumenal implica integrar catequese e liturgia. A catequese inicia no mistério de Cristo e da Igreja. Isso exige necessariamente participação nas celebrações da comunidade. Da união entre catequese e liturgia, o cristão avança na sua mudança de mentalidade e de atitude, para que seu ser se conforme ao de Cristo, para amar como Jesus amou, pensar como Jesus pensou e viver como Jesus viveu.

A fidelidade a Jesus Cristo não é separável da atenção e fidelidade ao ser humano que recebe a mensagem da salvação. Atualmente a maior influência que as pessoas recebem não é da cultura dos livros, da arte e da tradição local, mas é a cultura das ruas, cultura vivida e experimentada no cotidiano, por meio da qual as pessoas imaginam o significado e a finalidade de sua existência. Assim, é muito importante que toda catequese cuide da linguagem, dos símbolos e das atividades que favorecem conhecer e amar Jesus Cristo.

Que Jesus, o primeiro e maior evangelizador, ilumine seus passos no caminho da Iniciação à Vida Cristã. Você catequiza muito mais com seu testemunho do que com suas palavras. Desejo-lhe muitas bênçãos para uma feliz caminhada com seu grupo de catequese. Que a Virgem Maria, Mãe de Deus e perfeita discípula do Senhor, lhe acompanhe na missão.

Fraternalmente

Dom Leomar Antônio Brustolin
Arcebispo de Santa Maria

O ESPAÇO DA CATEQUESE

O encontro catequético é um anúncio da Palavra e está centrado nela, mas precisa sempre duma ambientação adequada e duma motivação atraente, do uso de símbolos eloquentes, da sua inserção num amplo processo de crescimento e da integração de todas as dimensões da pessoa num caminho comunitário de escuta e resposta (*Evangelli Gaudium*, 166).

A comunidade paroquial precisa estar consciente de que o local do encontro de catequese não se improvisa. Deve ser um espaço adequado a essa importante missão. Para seguir a dinâmica deste subsídio e método, sugere-se que a sala de catequese seja adequada às seguintes sugestões:

Colocar na sala de catequese duas mesas: a da Palavra e a da partilha.

- Mesa da Palavra (ambão), na qual serão proferidas as leituras da Palavra de Deus.

- Mesa da partilha: grande, com cadeiras ao redor da qual o grupo de catequizandos se reunirá;

Outros materiais para a sala:

- toalhas litúrgicas para a Mesa da Palavra nas cores branca, vermelha, verde e roxa (para trocar de acordo com o tempo litúrgico);
- cruz na parede, preferencialmente o crucifixo de São Damião;
- uma vela;
- uma vasilha com água benta, que recorda o Batismo.

Na Mesa da Palavra, pretende-se que a leitura da Bíblia, na catequese, não seja o mero estudo de um livro, mas a acolhida da Palavra de Deus que nos fala. O fato de ir até essa mesa, de permanecer de pé, de trocar a toalha de acordo com o tempo litúrgico, por exemplo, revela a necessidade de celebrar a Palavra, tornar solene sua leitura e valorizar sua mensagem. Gestos, posturas e lugares revelam o que pensamos e como valorizamos cada momento da vida.

Ao redor da Mesa da partilha, os catequizandos e o catequista sentam-se para dialogar sobre a Palavra e a fé da Igreja. Usando essa mesa, pretende-se sair do esquema formal/escolar. Ao redor da mesa se conversa, se contemplam os símbolos e se realizam algumas atividades.

O ambiente evangelizador precisa ser arejado, alegre, sem excesso de cartazes pendurados nas paredes. Não poluir o visual, focar em Jesus Cristo e na Palavra de Deus.

LEITURA ORANTE DA PALAVRA

No século XII, o monge Guigo II estava trabalhando no mosteiro com uma escada na mão. Enquanto isso, ele pedia a Deus que lhe sugerisse um instrumento que o ajudasse a subir até ele. Sobre isso, ele escreveu: "Ocupado em um trabalho manual, comecei a pensar na atividade espiritual do ser humano e se apresentaram improvisadamente à minha reflexão quatro degraus espirituais, ou seja: 1) a leitura; 2) a meditação; 3) a oração; e 4) a contemplação.

1) LEITURA: O QUE O TEXTO DIZ?

No primeiro momento, procura-se acolher a Bíblia não como um livro qualquer, mas como um tesouro que contém a Palavra que Deus quer nos falar. Esforçar-se para captar o sentido do texto do modo mais pleno possível. Para isso, podem ajudar algumas perguntas:

- Quem?
- O que diz e o que faz cada personagem?
- Onde?
- Como se situa este texto na Bíblia e em que contexto?
- Que relação tem com outros textos?
- Em síntese, o que diz o texto?

2) MEDITAÇÃO: O QUE ESTE TEXTO NOS DIZ?

Algumas vezes, as pessoas procuram no texto bíblico lições para ensinar aos outros. Aqui é diferente: o texto fala diretamente ao leitor, pessoal ou comunitariamente. Algumas perguntas podem ajudar:

- O que há de semelhante entre a situação do texto e a atual?

- O que há de diferente entre a situação do texto e a atual?
- O que o texto diz para a nossa situação?
- Que mudanças de vida o texto provoca?

Muitas vezes, é preciso mudar de mentalidade para aderir de fato à vontade de Deus.

3) ORAÇÃO: O QUE O TEXTO NOS FAZ DIZER A DEUS?

A oração é a nossa resposta à Palavra de Deus lida e meditada. A oração provocada pela meditação inicia com uma atitude de admiração, silêncio e adoração ao Senhor. Dependendo do que se ouviu da parte de Deus, a resposta pode ser de louvor ou de ação de graças, de súplica, de salmo ou de perdão. É importante que essa oração espontânea não seja só individual, mas tenha sua expressão comunitária em forma de partilha.

4) CONTEMPLAÇÃO: O QUE O TEXTO ME FAZ VIVER?

A contemplação ajuda a enxergar o mundo de maneira nova. Faz descobrir o projeto de Deus na história que vivemos. O centro da pessoa está em Cristo. A pessoa é transformada pela Palavra de Deus, por isso contempla a presença de Deus no cotidiano de sua vida e adquire um novo olhar sobre a realidade. Contemplar supõe viver de modo diferente.

COMO REALIZAR O ENCONTRO DE CATEQUESE?

PREPARAR

O catequista precisa preparar antecipadamente o encontro: lendo, organizando as atividades, providenciando os materiais e prevendo o tempo para cada parte do encontro.

O encontro de catequese é realizado a partir da Leitura Orante da Bíblia. Há um caminho a ser percorrido de acordo com a orientação dos livros do catequista e do catequizando, pois eles se relacionam entre si.

Ao realizar o encontro, o catequista deve evitar ler os textos do livro, pois a participação do grupo deverá ser conduzida por alguém que permita que todos se expressem e sejam conduzidos pelo tema que a Palavra de Deus introduz. Isso só ocorrerá com uma boa preparação prévia.

O catequista selecionará na Bíblia o texto indicado para o encontro:

- em seguida, lerá a passagem bíblica;
- depois, providenciará os materiais ou símbolos sugeridos; e
- é muito importante chegar ao local do encontro antes do grupo de catequizandos e organizar todo o material, garantindo que tudo esteja de acordo para bem desenvolver a catequese.

DURAÇÃO DO ENCONTRO

O encontro deve ser dinâmico, evitando-se monólogos cansativos. Cuide o catequista para que o encontro tenha uma duração máxima de 90 minutos (uma hora e meia). Não se consegue fazer tudo o que está aqui proposto em apenas uma hora, e duas horas cansam o grupo. Equilibrar o tempo e as atividades é determinante para o sucesso.

COMO FAZER A ACOLHIDA?

Saber acolher é uma arte. Um sorriso, um aperto de mão ou um abraço, tudo ajuda a fazer com que a pessoa se sinta acolhida. Frieza ou apatia, ou mesmo muita agitação em preparar o encontro comprometem a qualidade das relações humanas, que precisam qualificar o grupo de discípulos de Jesus.

O início do encontro se faz ao redor da mesa.

Antes de começar o encontro, perguntar como foi a semana, se aconteceu algo de especial com a pessoa ou com sua família, se alguém tem algum comentário a fazer sobre as notícias do momento. Isso facilitará a troca de ideias e a liberdade de expressão do grupo e oportunizará valorizar a pessoa do catequizando individualmente.

Após a acolhida, o catequista verifica o compromisso assumido pelo grupo no encontro anterior. Caso alguém não consiga realizar, é preciso dar uma nova oportunidade, mas todos precisam assumir a caminhada.

LEITURA ORANTE DA PALAVRA NO ENCONTRO

Seguindo, de forma adaptada, os passos da Leitura Orante da Palavra no encontro de catequese, apresentam-se as seguintes partes:

1) O que a Palavra diz?;
2) O que a Palavra nos diz?;
3) O que a Palavra nos faz dizer?; e
4) A Palavra faz viver.

O QUE A PALAVRA DIZ?

Após a acolhida, todos se dirigem à Mesa da Palavra (ambão). Não levam consigo nem o livro da catequese nem a Bíblia, pois todos vão escutar a Palavra.

Ali, cada um faz o sinal da cruz com a água, que recorda o Batismo. Em seguida, acende-se a vela, enquanto se canta o refrão proposto ou outro mais conhecido do grupo.

ORAÇÃO

A prece inicial proposta no encontro sempre se relaciona com o tema da leitura bíblica e com o aprofundamento doutrinal que será feito. Deve ser realizada com calma, meditada e com o coração de aprendiz. Sugere-se que apenas o catequista reze esta oração e todos profiram o "amém!".

LEITURA DA PALAVRA

Na Mesa da Palavra, a Bíblia deve estar aberta, e o texto para ser lido, sublinhado. Um catequizando lê calmamente o texto, e todos escutam. Em seguida, o catequista proclama mais uma vez o mesmo texto. Proclamar é mais que ler: é anunciar a Boa-Nova da Palavra. Ao final, deve-se dizer, de acordo com a situação: Palavra de Deus ou Palavra da Salvação, para que as crianças se habituem às respostas na liturgia da Palavra.

O QUE A PALAVRA NOS DIZ?

- Em seguida, todos retornam à mesa e se sentam.
- Ao redor da mesa, todos podem abrir a Bíblia e procurar o texto que foi lido, sublinhando-o com lápis colorido ou caneta.
- Após a localização do texto, o catequista proporá uma reconstrução do relato pelo grupo, de preferência sem usar a Bíblia.
- Em seguida, cada um destaca uma palavra ou expressão que mais tocou o coração ao ler o texto.
- Depois, o catequista pergunta: "O que será que este texto nos ensina?".
- Cada um partilha o que entendeu. Há uma explicação sobre o sentido do texto bíblico que se encontra no livro do catequista e também no livro do catequizando, e é possível ler comentando aqueles parágrafos.
- Em seguida há uma citação do *Catecismo da Igreja Católica* sobre o tema do dia. É interessante ler ou comentar essa parte.

SÍMBOLO

Em seguida, apresenta-se o símbolo proposto para o encontro e se estabelece um diálogo sobre seu significado e sua relação com o tema do encontro. É um momento que suscita a participação dos catequizandos, que poderão expor suas interpretações. Cabe ao catequista acolher as ideias e ajudar o catequizando a compreender o significado do encontro a partir do símbolo. Geralmente, um símbolo é mais memorizado do que as palavras, por isso se deve cuidar bem desta parte do encontro.

TESTEMUNHO

A evangelização depende de pessoas que se encontraram com Jesus Cristo e que, por isso, podem ajudar outras pessoas a realizarem o mesmo encontro. Por isso, o catequista precisa relatar algo de sua experiência a respeito do tema. Isso deve ser pensado previamente, por ocasião da preparação do encontro.

ATIVIDADE

- Após aprofundar e dialogar sobre o tema, propõe-se uma atividade que reforce o tema trabalhado.
- É muito importante ter tudo pronto para a atividade. O improviso faz perder tempo, agita e distrai o grupo.
- Essa atividade colabora para que o grupo (catequista e catequizandos) descubra o que o texto quer dizer.

O QUE A PALAVRA NOS FAZ DIZER?

Todos voltam à Mesa da Palavra (ambão) e portam consigo o livro do catequizando, para rezar com o grupo a oração final do encontro.

Geralmente, antes da oração, sugere-se que os catequizandos expressem suas intenções. São as preces que nascem do coração que escutou a Palavra.

Cuide o catequista para que essa importante etapa do encontro não seja formal, forçada ou artificial.

Aos poucos, à medida que se sentirem ambientadas em um espaço de confiança, as crianças aprendem a dialogar com o Senhor e a compartilhar suas preces em comunidade. Isso dificilmente ocorrerá nos primeiros encontros. É preciso estimulá-los, mas respeitar o processo de cada pessoa. Após alguns expressarem suas falas, reza-se a oração proposta no livro.

PARA O PRÓXIMO ENCONTRO

Sugere-se uma atividade para o catequizando realizar em casa.
- São tarefas simples e fáceis.
- No encontro seguinte, essa atividade deve ser conferida, pois, geralmente, isso os ajudará a entrar no tema do próximo encontro.

BÊNÇÃO FINAL

O encontro é concluído com uma bênção. Esta deve ser proferida pelo catequista, que abençoa seu grupo para que todos cresçam no caminho de Jesus.

A bênção precisa ser feita com piedade e calma, pois expressa nossa espiritualidade diante da Palavra meditada no encontro.

MÚSICA

No final de cada encontro, há sugestão de uma música que pode ser utilizada como recurso para assimilar o tema meditado. Se o catequista escolher outro cântico mais conhecido, deverá recordar que a música precisa estar alinhada com a temática do encontro, para não distrair do foco.

As músicas citadas neste livro estão disponíveis nas plataformas digitais. Para ouvi-las, acesse o seu aplicativo de música através do QR CODE abaixo:

COMO AVALIAR?

Após a realização de alguns encontros, e antes de celebrar cada rito proposto, é importante que o catequista procure ver o quanto o grupo cresceu na escuta da Palavra, o quanto aprendeu da fé católica e como essa mensagem se traduz em um novo jeito de ser e viver.

Isso tudo não se avalia com prova ou trabalho escrito; deve ser uma conversa informal com o grupo e um atendimento personalizado. Será preciso dar mais atenção aos que têm maior dificuldade em acolher a mensagem. Não se trata tanto de saber muitas coisas, mas de se abrir ao mistério de Deus presente na vida.

Outro sinal que é preciso detectar é a participação na vida da comunidade. Se alguém quer completar sua iniciação cristã, mas não toma parte nas missas e celebrações na comunidade, não frequenta a igreja e apenas participa dos encontros, certamente, não entendeu o que se pretende com a catequese. Será preciso esclarecer.

PLANEJAMENTO

Todo caminho da catequese precisa de planejamento. Isso implica diálogo entre o pároco, a coordenação da Iniciação à Vida Cristã (catequistas) e a coordenação de Liturgia da comunidade. Não se trata apenas de realizar as inscrições e oferecer os encontros. É preciso planejar os seguintes aspectos:

1) definir o período das inscrições e divulgar para as famílias;
2) verificar na agenda paroquial as datas das celebrações previstas em cada etapa, por exemplo: entrega do Pai-Nosso, do Rosário (terço), etc., e incluir datas importantes da comunidade (festa do padroeiro etc.);
3) organizar o planejamento de tal forma que todas as comunidades da paróquia possam realizar as celebrações das diversas etapas de catequese de Eucaristia e Crisma com crianças, jovens e adultos;
4) ao definir datas e horários, considerar os feriados, as férias escolares, as festas das comunidades e as celebrações das outras etapas de catequese paroquial;
5) é importante xerocopiar a programação do ano para ser entregue aos familiares dos catequizandos no ato da inscrição; e
6) a seguir, apresenta-se uma proposta de tabela de planejamento que pode inspirar a programação em sua paróquia; observe que cada celebração está colocada exatamente após o encontro que lhe corresponde, por exemplo, a entrega do terço é realizada após o encontro sobre a Virgem Maria e a entrega do Pai-Nosso, após o encontro sobre o Pai-Nosso. Adaptações, contudo, poderão ser feitas de acordo com a realidade de cada comunidade.

CALENDÁRIO

Data	Evento	Horário	Local
	INSCRIÇÃO PARA CATEQUESE PAROQUIAL		
	Encontro 1: Vamos caminhar juntos		
	CELEBRAÇÃO DE INÍCIO DO ANO CATEQUÉTICO		
	Encontro 2: Jesus está no meio de nós		
	Encontro 3: A Bíblia é a Palavra de Deus		
	CELEBRAÇÃO DE ENTREGA DA PALAVRA		
	Encontro 4: Deus criou o Céu e a Terra		
	Encontro 5: Somos imagem e semelhança de Deus		
	PRIMEIRO ENCONTRO COM AS FAMÍLIAS E OS CATEQUISTAS: Deixai as crianças virem a mim (Lucas 18,15)		
	Encontro 6: A quebra da Aliança		
	Encontro 7: Deus não abandona a criação		
	Encontro 8: Uma jovem chamada Maria		
	CELEBRAÇÃO DE ENTREGA DO ROSÁRIO (TERÇO)		
	Encontro 9: O nascimento de Jesus		
	Encontro 10: João batiza Jesus		
	Encontro 11: Jesus convida discípulos		
	Encontro 12: Jesus ensina a rezar: Pai-Nosso		
	CELEBRAÇÃO DE ENTREGA DO PAI-NOSSO		

	Encontro 13: Jesus acalma o mar		
	Encontro 14: Jesus entra em Jerusalém		
	Encontro 15: A última ceia		
	PRIMEIRO ENCONTRO DO CATEQUIZANDO COM OS FAMILIARES EM CASA Jesus anda sobre o mar (Mateus 14,22-33)		
	Encontro 16: Jesus foi crucificado		
	Encontro 17: Jesus ressuscitou		
	Encontro 18: Abraão: homem de fé		
	Encontro 19: Jacó: pai de doze filhos		
	Encontro 20: José: o irmão vendido		
	SEGUNDO ENCONTRO COM AS FAMÍLIAS E OS CATEQUISTAS Quem é Jesus para nós? (Marcos 8,27-30)		
	Encontro 21: A escravidão no Egito		
	Encontro 22: Moisés e a Páscoa		
	Encontro 23: Os Dez Mandamentos		
	CELEBRAÇÃO DE ENTREGA DA LEI DE DEUS		
	Encontro 24: A terra, os juízes e os reis		
	Encontro 25: O exílio: longe de casa		
	Encontro 26: Os profetas falam em nome de Deus		
	Encontro 27: O Messias esperado		
	SEGUNDO ENCONTRO DO CATEQUIZANDO COM FAMILIARES EM CASA Nós cremos em Jesus (Marcos 5,25-34)		
	Encontro 28: Seguir o caminho		
	RENOVAÇÃO DAS PROMESSAS BATISMAIS		

ENCONTROS DE CATEQUESE

1 VAMOS CAMINHAR JUNTOS
(JOÃO 13,34-35)

PREPARAR

Caixa de bombons ou pacote de balas.

▶ Para funcionar melhor a dinâmica, fechar bem o papel da bala e do bombom com fita adesiva.

ACOLHIDA
▶ Na mesa com cadeiras.

- Receber cada participante com um abraço e dar as boas-vindas.
- Explicar que a catequese é um caminho que nos conduz a conhecer e a amar Jesus.
- Não se faz catequese apenas para receber um sacramento, mas para aprender a ser cristão.
- Iniciar apresentando com cordialidade os detalhes do espaço, visto que possivelmente haverá crianças que não estão familiarizadas com o ambiente da comunidade paroquial.
- Em seguida, fazer combinações para a convivência neste espaço, remetendo ao despertar do sentimento de "É bom estarmos aqui!".
- A proposta não é estabelecer um conjunto de regras, "não pode isto, não pode aquilo", mas favorecer combinações para que o sentido de pertença e fraternidade seja experimentado nos encontros. Sempre que necessário é possível retomar as combinações iniciais ou com o grupo ou em particular. Por exemplo: pontualidade, divisão das tarefas, atenção a cada momento que será proposto, liberdade de expressão.
- Deixar a apresentação para o momento da atividade.

MESA DA PALAVRA
▶ Na mesa da Palavra.

Catequista: Em nossos encontros, vamos sempre mergulhar nossos dedos na água benta, que recorda nosso Batismo. E traçaremos sobre nós o sinal da cruz, sinal da nossa fé.

▶ Dar tempo para que todos realizem o rito. Se alguém não souber ainda fazer o sinal da cruz, avisar que haverá o momento para aprender.

Catequista: Também sempre se deve acender a vela antes de ler a Palavra de Deus que está na Bíblia. A vela recorda a luz que ilumina nossos passos. Cantemos:

Tua Palavra é lâmpada para meus pés, Senhor. Lâmpada para meus pés, Senhor. Luz para o meu caminho. (2 vezes)

ORAÇÃO INICIAL

Todos: Senhor Deus, nosso Pai, no início da caminhada da catequese, queremos pedir tua bênção. Ajuda-nos a crescer em idade, sabedoria e graça, fortes na fé e fiéis aos ensinamentos de Jesus. Amém!

Catequista: Nosso encontro de hoje marca o início de uma caminhada de muitos outros encontros que percorreremos juntos. Iniciaremos novas amizades. É muito bom ser amigo e ter amigos. Amigo é aquele com quem a gente pode contar nas horas boas e nas horas difíceis. Hoje, através do texto bíblico que iremos ler, Jesus vem nos falar sobre o que é amar. Somos um grupo que irá aprender a amar como Jesus amou. Amar o mundo, as pessoas e Deus. Nesse primeiro encontro, vamos nos conhecer, perceber como a nossa fé nos reuniu e saber como caminharemos.

▶ Catequizando lê: Jo 13,34-35. Catequista lê: Jo 13,34-35 e ao final diz:

Catequista: Palavra do Senhor!

Todos: Graças a Deus!

O QUE A PALAVRA DIZ?
▶ Na mesa com cadeiras.

Catequista: Vamos recordar as palavras de Jesus que acabamos de ouvir. Cada um destaca uma palavra, expressão ou frase que chamou sua atenção.

▶ O catequista explica com suas palavras o texto que está abaixo (ou pode ler e comentar o que segue). No livro do catequizando, o que segue está na página 8.

Jesus nos ama

Jesus nos ama. Ele nos chama de amigos. Para sermos seus amigos, devemos amar como Jesus amou. Devemos seguir seus mandamentos. Mandamento é uma ordem, uma lei, que deve ser vivida na liberdade. Jesus nos pede, mas nós é que decidimos seguir ou não o seu mandamento. O mandamento maior é o amor e é a maior verdade do Evangelho: Deus nos ama e nós o amamos quando amamos as pessoas que estão ao nosso redor.

Catequese sobre a fé

▶ Para o catequista aprofundar com os catequizandos.

a) Por que estamos fazendo esse caminho de catequese?

b) No nosso dia a dia acreditamos em muitas coisas: acreditamos no amor dos pais, que nosso time é capaz de vencer, que poderá fazer sol no fim de semana... Pensando assim, o que entendemos por ter fé?

c) E como é ter fé em Deus?

Acreditar é dar crédito, confiar, dar o coração. Quando alguém tem fé, nem sempre tem todas as certezas, mas sabe que pode confiar. Isso acontece ao longo de nossa vida. Por exemplo: quando uma criança de dois anos vê a imensidão do mar da praia, pode ter medo e não entrar na água. Porém, quando a mãe ou o pai a pega pela mão, ou a coloca no colo, a criança entra no mar. O que a faz agir com essa confiança? É o fato de estar segura nas mãos dos pais. Ela crê que eles lhe dão segurança. Ter fé em Deus é acreditar que ele está sempre ao nosso lado. Quem tem fé em Deus sabe que somos criados por amor. Deus nos ama, e sentimos esse amor em muitos sinais ao longo da vida. Quem crê olha o mundo a partir de Deus, percebendo o amor do Pai para com todos. Quem tem fé age neste mundo confiando que Deus o acompanha no caminho da vida. A fé não é apenas um sentimento. A fé desperta sentimentos de compaixão, solidariedade, cooperação etc. Quando rezamos, recordamos do amor de Deus por nós. A fé nos faz rezar pelas pessoas e especialmente por quem passa por dificuldades.

O CATECISMO DA IGREJA CATÓLICA NN. 142 E 143
▶ Para o catequista aprofundar.

142. Pela sua revelação, "Deus invisível, na riqueza do seu amor, fala aos homens como amigos e convive com eles, para os convidar e admitir à comunhão com Ele". A resposta adequada a esse convite é a fé.

143. Pela fé, o homem submete completamente a Deus a inteligência e a vontade; com todo o seu ser, o homem dá assentimento a Deus revelador. A Sagrada Escritura chama "obediência da fé" a esta resposta do homem a Deus revelador.

TESTEMUNHO
▶ O catequista relata seu caminho de fé e a alegria de fazer parte da comunidade de fé que é a Igreja.

ATIVIDADE
- Dividir os catequizandos em duplas.
- Cada um deverá perguntar ao outro algumas informações para poder apresentá-lo depois: nome, onde estuda, com quem mora, o que menos gosta de fazer, o que mais gosta de fazer, se torce para algum time, o que espera da catequese etc.
- Após a conversa, cada catequizando apresenta o outro para a turma.
- Depois, cada um deve procurar repetir os nomes de todos para memorizar.
- O catequista distribuirá um bombom ou uma bala (fechados com fita adesiva) para cada catequizando.
- Cada um deverá tentar tirar o papel somente com uma das mãos (sem usar a boca). Isso será difícil.
- Perguntar se há outra forma para abrir.
- Se ninguém tiver a iniciativa de ajudar ou pedir ajuda, o catequista incentivará que um ajude o outro a abrir o bombom ou a bala.
- O objetivo desta dinâmica é valorizar a ajuda dos outros e estar disposto a ajudar quem precisa.

- Na catequese, será preciso formar um grupo unido, que se ajude no caminho.

VIVER O BATISMO – SOU BATIZADO!
▶ No livro do catequizando, o que segue está na página 8.

Esta etapa da catequese é feita com quem já foi batizado, mas ainda não conhece toda a riqueza que recebeu com o sacramento do Batismo. Por isso, em cada encontro, vamos conhecer um pouco mais sobre o Batismo. Se alguém do nosso grupo ainda não foi batizado, poderá se preparar para receber o sacramento ao final desta etapa.

VAMOS RECORDAR

Dia do seu batizado _____

Padrinho_____

Madrinha _____

Igreja onde foi batizado/a _____

Caso alguém não se lembre, pode pedir informações aos pais em casa.

ORAÇÃO FINAL
▶ Na mesa da Palavra.

Catequista: Vamos juntos rezar e agradecer a Deus que nos reuniu neste grupo para caminharmos juntos.

Todos: Senhor Deus, tu que nos reuniste neste caminho da catequese, fortalece a amizade entre nós para que juntos possamos ser teus grandes amigos. Amém!

PARA O PRÓXIMO ENCONTRO
▶ No livro do catequizando, o que segue está na página 9.

Escrever num cartão: *Ter fé em Jesus, para mim é...*.

VAMOS CANTAR: "CAMINHAR JUNTOS"

▶ No CD, faixa 1.
   No livro do catequizando, o que segue está na página 10.

Eu e você, nós todos juntos
caminharemos para aprender
/: Queremos ouvir a Palavra de Deus
Ele nos ama e tem muito a dizer:/

/: Vamos ser amigos, vamos falar/
vamos ouvir, vamos cantar:/

Em cada encontro que participarmos
nosso amor se fortalecerá
/: Nossa amizade e a alegria de viver
em nossos rostos se perceberá:/

Jesus nos disse: quem permanece
unido a Ele será mais feliz
/: Quero seguir sempre os seus passos
a vida inteira vou ser aprendiz:/

2 JESUS ESTÁ NO MEIO DE NÓS
(ATOS 10,37-42)

PREPARAR

Crucifixo sobre a mesa.

ACOLHIDA
▶ Na mesa com cadeiras.

- Recordar os nomes dos colegas. O que lembramos sobre cada colega desde a apresentação passada?
- Colocar na mesa os cartões que cada um trouxe, próximo ao crucifixo.

MESA DA PALAVRA
▶ Na mesa da Palavra.

Catequista: Iniciemos, mergulhando a mão na água benta, recordando o nosso Batismo que nos fez participar deste grupo de catequese, e tracemos sobre nós o sinal da cruz.
▶ Dar tempo para todos realizarem o rito.

Catequista: Vamos acender a vela, sinal da luz da nossa fé que ilumina nossos passos, cantando:

Ó luz do Senhor, que vem sobre a terra, inunda meu ser, permanece em nós.

ORAÇÃO INICIAL

Todos: Nós te agradecemos, Jesus, porque nos chamaste perante ti. Faze com que te conheçamos como tu nos conheces, para que possamos ser verdadeiramente teus amigos assim como tu és nosso amigo.

Catequista: No texto que ouviremos hoje, o apóstolo Pedro fala sobre Jesus. Ele estava na casa de um homem chamado Cornélio. Isso aconteceu após a morte e ressurreição de Jesus. Ninguém imaginava que, depois de morrer na cruz, Jesus ressuscitaria.

▶ Catequizando lê: At 10,37-42. Catequista lê: At 10,37-42 e ao final diz:

Catequista: Palavra do Senhor!

Todos: Graças a Deus!

O QUE A PALAVRA DIZ?

▶ Na mesa com cadeiras.
Todos voltam para a mesa e procuram o texto na Bíblia; em seguida, marcam com caneta ou lápis o trecho de At 10,37-42, fazendo uma leitura silenciosa.

Catequista:

a) Quem está falando nesse texto?

b) Sobre quem ele fala?

c) O que ele está dizendo?

d) Quem é Jesus?

e) O que Jesus fez quando andou em seu país?

f) Como mataram Jesus?

g) O que aconteceu no terceiro dia?

h) Quem testemunhou a ressurreição?

i) O que Deus mandou proclamar?

Catequista: Cada um destaca uma palavra, expressão ou frase que chamou sua atenção.

▶ O catequista explica com suas palavras o texto que está abaixo (ou pode ler e comentar o que segue). No livro do catequizando, o que segue está na página 11.

O que nos contaram sobre Jesus

Não seria possível conhecer Jesus sem as palavras e o testemunho dos primeiros discípulos. Eles nos contaram o que Deus fez naqueles dias e que até hoje tem significado para nós: Deus é amor, ele nos ama em Jesus. As palavras de Pedro convertem as pessoas que escutam, e anunciar essa verdade sobre Jesus torna-se a missão de toda a Igreja, a família de Jesus.

Catequese sobre a fé em Jesus Cristo

Para o cristão, crer em Deus é crer inseparavelmente em Jesus: aquele que o Pai enviou e nos mandou que o escutássemos. O próprio Jesus disse aos seus discípulos: "Acreditais em Deus, acreditai também em mim" (Jo 14,1). Podemos crer em Jesus Cristo, porque ele próprio é Deus: "A Deus, nunca ninguém viu. O seu Filho, que está junto do Pai, é que Deus nos deu a conhecer" (Jo 1,18).

O CATECISMO DA IGREJA CATÓLICA N. 65
▶ Para o catequista aprofundar.

65. "Muitas vezes e de muitos modos Deus falou, antigamente, aos nossos pais, por meio dos Profetas. Nestes dias, que são os últimos, falou-nos pelo seu Filho" (Hb 1,1-2). Cristo, Filho de Deus feito homem, é a Palavra única, perfeita e insuperável do Pai. Nele, o Pai disse tudo. Não haverá outra Palavra além dessa.

TESTEMUNHO

Neste encontro, o catequista deve falar como conheceu Jesus e como ele mudou sua vida. Aqui o testemunho é mais importante que a teoria. O catequista pode responder a esta pergunta ao falar de Jesus: "Por que Jesus é o centro da minha vida?".

ATIVIDADE

Na mesa estão o crucifixo e os cartões que cada um trouxe. Cada catequizando recolhe um cartão (sem ser o seu), o lê e, depois, conta para o grupo o que está escrito. Ver qual é a palavra que mais se repete para falar de Jesus. Em seguida, o catequista pergunta: "Depois de ouvir Pedro falar nesse texto bíblico, quem é Jesus Cristo para você?".

VIVER O BATISMO – O SINAL DA CRUZ
▶ No livro do catequizando, o que segue está na página 12.

Catequista: No dia do Batismo, antes de nossos pais e padrinhos traçarem o sinal da cruz em nossa cabeça, foram proclamadas as seguintes palavras.

Todos: Nosso sinal é a cruz de Cristo. Por isso vamos marcar estas crianças com o sinal do Cristo Salvador. Assim, nós as acolhemos na comunidade cristã.

Agora vamos traçar sobre nós o sinal da cruz. Em nome do Pai (tocando a testa), do Filho (tocando o peito) e do Espírito Santo (tocando o ombro esquerdo e depois o direito). Amém! (Tocando novamente o peito)

▶ O catequista pede a cada catequizando que trace o sinal da cruz e ajuda aqueles que ainda não sabem fazê-lo corretamente.

ORAÇÃO FINAL
▶ Na mesa da Palavra.

Catequista: Olhando Jesus, cada catequizando pode dizer uma palavra que expresse quem é Jesus para ele.

Ajudar as crianças a conversar com Jesus. Especialmente o catequista deve procurar formular alguma prece relacionada com o texto bíblico rezado no encontro.

▶ Por último, todos rezam a oração final. No livro do catequizando, o que segue está na página 12.

Todos: Cristo, tu és o único salvador, nada pode existir sem ti. / Onde tu não estás, há trevas. Tu és a luz do mundo. / Onde tu não estás, há confusão, ódio e pecado. / Tu és a vida, o mestre, o amigo, o bom pastor. / Tu és o fundamento da paz. Tu és a esperança do mundo. / Tu deves ser nosso modelo, nosso ideal e nossa força. Amém! (Papa Paulo VI)

▶ Traçar o sinal da cruz.

PARA O PRÓXIMO ENCONTRO
▶ No livro do catequizando, o que segue está na página 12.

Durante a semana, procure fazer o sinal da cruz antes do almoço e/ou do jantar. Se possível, convide quem estiver com você para fazer o mesmo. O cristão sempre agradece a Jesus o dom da vida e dos alimentos, por isso traça o sinal da cruz antes das refeições. Na próxima semana, vamos conversar sobre esse compromisso.

VAMOS CANTAR: "JESUS ESTÁ NO MEIO DE NÓS"

▶ No CD, faixa 2.
No livro do catequizando, o que segue está na página 12.

Que bela notícia que alguém me contou
de um certo Jesus que o mundo mudou
Chamou seus seguidores para lhe ajudar
e anunciar a Palavra e veio pra salvar

/: O nome dele era Jesus
Jesus de Nazaré. Eu também quero e vou seguir
Pois esta é a minha fé:/

Veio a este mundo, o mal não o aceitou
sendo o Filho de Deus à morte o condenou.
E foi crucificado, sofreu a dor da cruz
mas vivo hoje está, glorioso é meu Jesus

3 A BÍBLIA É A PALAVRA DE DEUS
(2 TIMÓTEO 3,15-17)

PREPARAR
Bíblia para todos.

ACOLHIDA
▶ Na mesa com cadeiras.

- O que aconteceu na família, na cidade e no mundo que marcou a semana?
- Como foi a experiência de traçar o sinal da cruz antes das refeições? Quem fez? Quem não fez? Como você se sentiu? O que as pessoas de sua casa disseram sobre isso?

MESA DA PALAVRA
▶ Na mesa da Palavra.

Catequista: Mais uma vez comecemos nosso encontro recordando o nosso Batismo. Mergulhemos a mão na água benta e tracemos sobre nós o sinal da cruz.

▶ Dar tempo para que todos realizarem o rito.

Catequista: Vamos acender a vela, sinal da luz da Palavra de Deus que ilumina nosso caminho, cantando:

Pela Palavra de Deus, saberemos por onde andar, ela é luz e verdade, precisamos acreditar. (2 vezes)

ORAÇÃO INICIAL
Todos: Senhor, queremos te escutar! Tua Palavra nos dá força e desvia nossos pés de todo caminho mau. Tua Palavra nos ensina o

caminho da felicidade e da paz. Seguindo tua voz, sabemos por onde andar, pois tua Palavra é luz para nossos passos no caminho da paz. Fica sempre conosco, Senhor! Amém!

Catequista: Hoje vamos ler um trecho da carta que o apóstolo Paulo escreveu a um dos seus grandes amigos: Timóteo. Ele tinha uma mãe que conhecia muito a Bíblia, embora o pai dele não desse atenção à Palavra. Na carta, Paulo diz para Timóteo recordar que desde criança ele conhece a Palavra, porque sua mãe lhe ensinou a amar a Palavra.

▶ Catequizando lê: 2Tm 3,15-17. Catequista lê: 2Tm 3,15-17 e ao final diz:

Catequista: Palavra do Senhor!

Todos: Graças a Deus!

O QUE A PALAVRA DIZ?

▶ Na mesa da Palavra.
Todos voltam para a mesa e procuram o texto na Bíblia; em seguida, marcam com caneta ou lápis o trecho de 2Tm 3,15-17, fazendo uma leitura silenciosa.

Catequista:

a) O que Paulo diz a Timóteo sobre a Bíblia?

b) Qual é o poder da Bíblia?

c) Para que a Bíblia é útil?

d) A pessoa que valoriza a Bíblia em seu dia a dia está preparada para quê?

Catequista: Cada um destaca uma palavra, expressão ou frase que chamou sua atenção.

▶ O catequista explica com suas palavras o texto que está abaixo (ou pode ler e comentar o que segue). No livro do catequizando, o que segue está na página 14.

A Bíblia

A Sagrada Escritura é também chamada de Bíblia e é formada por dois grandes grupos de textos, chamados testamentos: o Antigo e o Novo. O Antigo Testamento conta a história do povo de Israel. Israel é um país que fica situado no hemisfério norte, no Oriente. No decorrer de sua longa história, a terra de Israel recebeu muitos nomes,

nomes que são referidos na Bíblia: Terra Prometida, Terra Santa e, por fim, Palestina. O Antigo Testamento, ou Primeiro Testamento, é formado por 46 livros. O Novo Testamento, ou Segundo Testamento, conta a vida de Jesus e das primeiras comunidades cristãs e é formado por 27 livros. Ao todo, a Bíblia contém 73 livros. Esses livros comunicam a Palavra de Deus, para que o ser humano seja feliz, ame a todos e encontre a fé e a salvação em Jesus Cristo.

A catequese sobre a Palavra de Deus

A Bíblia é uma carta de Deus para seus filhos. Nela, ele revela seu amor por nós. A revelação de Deus é importante para que o ser humano possa conhecer seu amor, sua fidelidade e ter um caminho para a salvação. Deus é o autor da Bíblia. Ele fez isso inspirando pessoas para que a escrevessem. A Bíblia é a comunicação de Deus para com seu povo. Através dela, somos capazes de caminhar nesta vida iluminados pela luz da Palavra de Deus. A Bíblia narra gestos e palavras que diferentes pessoas viram, ouviram e neles entenderam a comunicação amorosa de nosso Deus.

O CATECISMO DA IGREJA CATÓLICA N. 106

▶ Para o catequista aprofundar.

106. Deus inspirou os autores humanos dos livros sagrados. Para escrever os livros sagrados, Deus escolheu e se serviu de homens, na

posse das suas faculdades e capacidades, para que, agindo ele neles e por eles, pusessem os mesmos, por escrito, como verdadeiros autores, tudo aquilo e só aquilo que ele queria.

TESTEMUNHO

Neste encontro, o catequista deve falar que a Bíblia é mais do que um livro da biblioteca; é um texto sagrado que deve ser amado, venerado e lido. Quem lê a Bíblia, escuta a voz de Deus em suas palavras. O catequista poderia partilhar com seu grupo as vezes em que a Palavra o ajudou no caminho da vida, especialmente relatando algum fato no qual a Palavra foi muito importante: "Quando leio a Bíblia? Como percebo o amor de Deus por mim nessa Palavra?".

ATIVIDADE

▶ No livro do catequizando, o que segue está na página 15.

Vamos aprender a usar a Bíblia, procurando 1Jo 4,7-9 e seguindo os passos:

1) procure no índice da Bíblia o nome do livro e a abreviatura 1 Jo = Primeira Carta de João. Está no Novo Testamento. Abra a Bíblia na primeira página da Carta de João. Fique atento: há duas cartas de João; estamos procurando a primeira;

2) em seguida, veja que há números grandes e pequenos que marcam o texto. Números grandes são os capítulos (grupo de frases), e números pequenos são os versículos (frases ou parte de frases);

3) procure, então, o capítulo 4 da Primeira Carta de João;

4) em seguida, localize o versículo 7 e sublinhe-o até o ponto final do versículo 9.

Recordando a citação: 1Jo 4,7-9.

- A abreviatura é o nome do livro: 1Jo (Primeira Carta de João).
- O primeiro número é o capítulo do livro; é sempre o número que vem antes da vírgula: 4, (capítulo 4).

- O segundo número é o versículo, e quando há o hífen, indica-se até qual versículo deve-se ler: 7-9 (versículos do 7 ao 9).

▶ O catequista deve verificar se todos conseguem localizar esta passagem.

VIVER O BATISMO – "IDE E BATIZAI!"
▶ No livro do catequizando, o que segue está na página 16.

Quando somos batizados, a Palavra de Deus é proclamada. Geralmente, lê-se o Evangelho, no qual o próprio Jesus manda os apóstolos anunciarem o amor de Deus que se revela em Cristo e a batizarem todas as pessoas. Procuremos na Bíblia: Mt 28,19-20.

a) Quem fala neste texto?

b) A quem se dirige?

c) O que pede?

d) Em nome de quem se deve batizar?

e) O que se deve observar?

f) Até quando Jesus estará com os que foram batizados?

ORAÇÃO FINAL
▶ Na mesa da Palavra.

Catequista: Diante de Jesus, cada catequizando pode dizer, numa palavra, por que a Bíblia é importante.

▶ Ajudar as crianças a conversar com Jesus, especialmente o catequista deve procurar formular alguma prece relacionada com o texto bíblico rezado neste encontro.
No encerramento, todos rezam a oração final. No livro do catequizando, o que segue está na página 16.

Todos: Pai santo, nós te agradecemos pela Bíblia, que é a carta que fala do teu amor por nós. Ela é a força que muda a nossa vida, que nos ensina e nos corrige, mostrando a tua bondade. Senhor, nós te pedimos, coloca em nosso coração um grande amor pela Bíblia, tua Palavra. Amém!

PARA O PRÓXIMO ENCONTRO
▶ No livro do catequizando, o que segue está na página 16.

Durante a semana, procure localizar na Bíblia os textos sugeridos e escreva ao lado a que se referem.

Gn 1,1-3 e Mc 1,9-11

VAMOS CANTAR: "A BÍBLIA"

▶ No CD, faixa 3.
No livro do catequizando, o que segue está na página 17.

Que livro é esse que falam tanto?
Dedico este canto pra exaltar a Bíblia
Ela contém a Palavra de Deus
com ela vou aprender quais são os planos seus

/: A Bíblia é um livro santo, é a carta de Deus, Ele quer nos falar
Eu sou criança e com este canto, já posso dizer: quero a Deus escutar:/

Que livro é esse que conta a história
e quer ser a memória do Deus que nos ama?
Ele acompanha os passos do povo
e quem da Bíblia aprender verá um mundo novo

Que livro é esse, que palavras belas!
Também são singelas, mas fazem pensar
É a boa notícia de Deus para nós
Ele vai consolar quem escuta sua voz

4 DEUS CRIOU O CÉU E A TERRA
(GÊNESIS 2,4-10)

PREPARAR
Argila ou massa de modelar.

ACOLHIDA
▶ Na mesa com as cadeiras.

- O que aconteceu na família, na cidade e no mundo que marcou a semana?
- Quem conseguiu encontrar os textos na Bíblia indicados no final do encontro passado?

▶ Conferir como cada catequizando localizou os textos e ajudar quem não conseguiu.

MESA DA PALAVRA
▶ Na mesa da Palavra.

Catequista: Iniciemos nosso encontro tocando na água, criatura de Deus que nos ajuda a viver. Ela sacia a sede, lava e dá vida. Mergulhemos a mão na água benta e tracemos sobre nós o sinal da cruz.

▶ Dar tempo para todos realizarem o rito.

Catequista: Vamos acender a vela, sinal da luz da Palavra de Deus que ilumina nosso caminho, cantando:

Tua Palavra é lâmpada para meus pés, Senhor. Lâmpada para meus pés, Senhor. Luz para o meu caminho. (2 vezes)

ORAÇÃO INICIAL

Todos: Pai Santo, tu criaste o céu e a terra. Tudo o que existe é obra de tuas mãos e do teu amor. Nós te agradecemos pelas coisas boas e bonitas que colocaste em nosso caminho: o ar, a água, a terra, o fogo. Agradecemos pelas plantas e pelos animais. Nossa gratidão especial porque tu criaste as pessoas, que são teus filhos e filhas muito queridos. Tudo é teu, tudo é sinal de teu amor. Nós te louvamos. Amém!

Catequista: Há muitos anos, o povo da Bíblia começou a se perguntar sobre a origem de toda a criação. Alguns sábios daquele tempo procuraram responder a essa questão na forma de uma história que se encontra no livro do Gênesis, que significa "origem". Não são escritos sobre como aconteceu, mas quem fez e por que fez o mundo e qual o lugar das pessoas neste mundo.

▶ Catequizando lê: Gn 2,4-10. Catequista lê: Gn 2,4-10 e ao final diz:

Catequista: Palavra do Senhor!

Todos: Graças a Deus!

O QUE A PALAVRA DIZ?

▶ Na mesa com as cadeiras.
  Todos voltam para a mesa e procuram o texto na Bíblia; em seguida, marcam com caneta ou lápis o trecho de Gn 2,4-10, fazendo uma leitura silenciosa.

Catequista:

a) O que este trecho da Bíblia conta?

b) Como tudo foi criado?

c) Como Deus modelou o ser humano?

d) O que ele soprou nas narinas do humano?

e) O que Deus plantou?

f) Quem ele colocou no jardim?

Catequista: Cada um destaca uma palavra, expressão ou frase que chamou sua atenção.

▶ O catequista explica com suas palavras o texto que está abaixo (ou pode ler e comentar o que segue). No livro do catequizando, o que segue está na página 18.

Deus criou tudo o que existe

Observando a natureza, podemos nos perguntar: Como tudo começou? A ciência tem suas teorias sobre a origem do universo, mas não tem resposta para o início da criação. A Bíblia fala de quem criou e por que criou tudo. Ela não é um livro científico, por isso também não quer explicar tudo. Ela quer nos ensinar que Deus é o criador de tudo o que existe.

Quando Deus criou o mundo, nada existia. Primeiro criou a luz do dia separando-a da escuridão da noite. Depois fez os mares, os rios e as montanhas. Depois fez as árvores e as flores. Criou os animais e viu que tudo era muito bom. Nós fomos criados para ajudar a cuidar desse imenso jardim que é o mundo. Podemos usar o jardim para comer e viver: água, alimentos, descanso etc. Mas devemos cuidar: plantar, preservar, limpar, ajudar.

Na verdade, a Bíblia não quer escrever exatamente como tudo aconteceu, mas quer dizer que tudo foi feito com carinho, aos poucos, por alguém que ama e por isso criou tudo bom e por amor: Deus!

Catequese sobre a Criação

Deus criou tudo o que existe e continua acompanhando a sua criação. A criação é o começo de tudo para falar de Deus e do seu amor. A fé da Igreja ensina que o autor de toda a vida é Deus, mas não tem a preocupação de explicar como o mundo foi mudando e evoluindo. A Igreja não explica a evolução nem o surgimento de novas espécies de animais e plantas. Quem faz isso é a ciência. A fé nos fala que a vida teve sua origem em Deus.

O CATECISMO DA IGREJA CATÓLICA NN. 317 E 319

▶ Para o catequista aprofundar.

317. Só Deus criou o Universo livre e diretamente, sem nenhuma ajuda.

319. Deus criou o mundo para manifestar e comunicar a sua glória. Ele quer que as criaturas partilhem da sua verdade, da sua bondade e da sua beleza – eis a glória para a qual Deus as criou.

TESTEMUNHO

Neste encontro, o catequista pode fazer as crianças perceberem como a criação fala de Deus. A natureza é um livro que revela a beleza, o poder e o carinho de Deus pelas suas obras. O catequista pode partilhar com seu grupo como sente a presença de Deus na natureza e, mais ainda, no encontro com as pessoas: "Como percebo Deus ao observar o mundo, a natureza e as pessoas?".

Em seguida, perguntar para as crianças: "Vocês conseguem perceber Deus na natureza? Sentem que tudo o que existe foi criado por Deus? Por quê?".

ATIVIDADE

- Distribuir um pouco de argila ou massa de modelar para cada criança do grupo.
- Cada uma deve fazer uma obra que represente a criação de Deus.
- O catequista recordará que Deus nos fez do barro, que foi ele quem pensou e fez tudo o que existe.
- Durante a atividade, o catequista pode fazer ver que cada um realiza uma obra de acordo com o seu jeito: umas são maiores, outras são menores, umas têm mais detalhes, outras são simples.
- Cada obra revela o seu criador.
- Nós também somos feitos segundo a imagem do nosso Criador.

VIVER O BATISMO – GLÓRIA

Quem é batizado pode perceber o amor de Deus em sua vida. Reconhece que Deus tudo criou porque nos ama.

▶ Cada catequizando pode recordar alguma obra da criação que mais gosta. Reservar um tempo para a partilha.
No livro do catequizando, o que segue está na página 19.

Para agradecer a Deus, por ter-nos criado, podemos rezar a oração do Glória. Glorificar é louvar, engrandecer, falar do brilho de Deus neste mundo:

Glória ao Pai, ao Filho e ao Espírito Santo, como era no princípio, agora e sempre. Amém!

▶ Para o próximo encontro, vamos memorizar esta oração.

ORAÇÃO FINAL
▶ Na mesa da Palavra.

Catequista: Diante de Jesus, cada um agradeça por alguma obra da criação que merece louvor.

▶ Ajudar as crianças a conversar com Jesus, especialmente o catequista deve procurar formular alguma prece relacionada com o texto bíblico rezado neste encontro.
Ao término, todos rezam a oração final. No livro do catequizando, o que segue está na página 19.

Todos: Pai Criador, agradecemos tua maravilhosa obra: a vida. Ajuda-nos a cuidar da natureza, pois ela é fonte de vida. Ensina-nos a preservar este jardim bonito que é o mundo que tu criaste, assim todos os seres vivos e tudo o que existe poderão ser sinal do teu amor e da força da tua palavra que tudo pode criar. Amém!

PARA O PRÓXIMO ENCONTRO
▶ No livro do catequizando, o que segue está na página 19.

Na próxima semana, temos dois compromissos a partir deste encontro:

- memorizar a oração que louva o Criador: o Glória; e
- cuidar da natureza: reciclar o lixo, não desperdiçar água, cuidar de plantas e animais etc. Escolha uma atitude que expresse seu cuidado com esse belo jardim que é o mundo. Vamos conversar sobre essas ações no próximo encontro.

VAMOS CANTAR: "DEUS CRIOU O CÉU E A TERRA"
▶ No CD, faixa 4.
No livro do catequizando, o que segue está na página 20.

O Deus que eu acredito é um Deus criador.
Criou o céu e a terra, fez tudo por amor

/: Palmas para Deus / palmas quero dar
palmas de gratidão
Tudo ele fez. Nos deu pra cuidar.
Não vamos destruir a bela criação!:/

O Deus que eu acredito não para de criar.
Onde a vida nasce está a trabalhar

O Deus que eu acredito não se afasta de nós.
Quem mata a vida não escuta a sua voz

5 SOMOS IMAGEM DE DEUS
(GÊNESIS 1,26-28)

PREPARAR

Um espelho.

ACOLHIDA

▶ Na mesa com as cadeiras.

- Recordar os fatos da semana.
- Partilhar o que cada um fez para cuidar da natureza.

MESA DA PALAVRA

▶ Na mesa da Palavra.

Catequista: Iniciemos nosso encontro tocando na água que recorda o nosso Batismo, o qual nos deu vida nova.

▶ Dar tempo para todos realizarem o rito.

Catequista: Vamos acender a vela, sinal da luz da Palavra de Deus que ilumina nosso caminho, cantando:

Tua Palavra é lâmpada para meus pés, Senhor, lâmpada para meus pés, Senhor. Luz para o meu caminho. (2 vezes)

ORAÇÃO INICIAL

Todos: Ó Pai criador, somos teus filhos e filhas. Tu nos fizeste, fomos criados pelo teu imenso amor. Faze com que neste encontro saibamos reconhecer que somos todos irmãos e que participamos de uma só família, da qual tu és o Pai, e que recebemos de ti a vida como um grande presente. Nós te agradecemos por todo esse grande amor. Amém!

Catequista: Vamos ler um texto da Bíblia que nos conta sobre a criação dos seres humanos. Segundo esse relato da criação, nós fomos criados por último, depois das plantas e dos animais. Para essa última obra, Deus quis dar um sentido especial: quis que fôssemos filhas e filhos dele, parecidos com ele. A Bíblia fala de Adão, o primeiro homem, e de Eva, a primeira mulher. Esta é uma forma de contar que todo ser humano veio das mãos de Deus. A Bíblia não quer dizer que somente esses dois existiram no início. Ela apenas informa que eles foram criados com muito amor, e que os dois deveriam viver nesse jardim maravilhoso: o paraíso.

▶ Catequizando lê: Gn 1,26-28. Catequista lê: Gn 1,26-28 e ao final diz:

Catequista: Palavra do Senhor!

Todos: Graças a Deus!

O QUE A PALAVRA DIZ?

▶ Na mesa com as cadeiras.
Todos voltam para a mesa e procuram o texto na Bíblia; em seguida, marcam com caneta ou lápis o trecho de Gn 1,26-28, fazendo uma leitura silenciosa.

Catequista:

a) O que Deus disse quando criou o ser humano?

b) Com que palavras Deus abençoou o homem e a mulher?

c) O que significa dominar os peixes, as aves e os demais animais? (Significa cuidar como um jardineiro e não explorar e destruir a vida do planeta Terra.)

Catequista: Cada um destaca uma palavra, expressão ou frase que chamou sua atenção.

▶ Catequista explica com suas palavras o texto que está abaixo (ou pode ler e comentar o que segue). No livro do catequizando, o que segue está na página 21.

Deus criou o ser humano

Deus fez o ser humano à sua imagem e semelhança. Fez-nos parecidos com ele: capazes de amar, pois somos livres, temos consciência e ainda podemos ter vida eterna com o Criador. Deus é quem decidiu fazer-nos diferentes dos animais. Somos seres da terra, mas destinados a viver um dia para sempre com Deus no céu. Essa é a beleza de sermos criados à imagem e semelhança de Deus.

Vivemos aqui, sabendo que somos destinados a morar na Casa de Deus para sempre.

Deus criou o homem e a mulher em igual dignidade. Um não é maior que o outro. Homem e mulher vivem para se ajudarem. Deus quer que homens e mulheres colaborem com a transmissão da vida e que transformem a natureza tirando dela o seu sustento. A ordem do Senhor para dominar a terra significa que o ser humano deve cuidar e transformar a natureza. Dominar não é destruir.

Catequese sobre o ser humano

O ser humano foi criado à imagem de Deus no sentido de que é capaz de conhecer e de amar, na liberdade, o próprio Criador. É a única criatura nesta terra que Deus quis em si mesma e que chamou a partilhar, no conhecimento e no amor, a sua vida divina. Criada à imagem de Deus, ela tem dignidade de pessoa: não é alguma coisa, mas alguém, capaz de se conhecer, de se doar livremente e de entrar em comunhão com Deus e com as outras pessoas (*Catecismo da Igreja Católica*, n. 66).

O CATECISMO DA IGREJA CATÓLICA N. 357

▶ Para o catequista aprofundar.

357. Porque é "a imagem de Deus", o indivíduo humano possui dignidade de pessoa: ele não é somente alguma coisa, mas alguém. É capaz de se conhecer, de possuir e de livremente se dar e entrar em comunhão com outras pessoas. E é chamado, pela graça, a uma Aliança com o seu Criador, a dar-lhe uma resposta de fé e amor que mais ninguém pode dar em seu lugar.

TESTEMUNHO

Neste encontro, o catequista pode fazer as crianças perceberem em que somos diferentes dos animais. O que temos e podemos fazer que os animais não têm ou não podem fazer. O catequista poderia dizer com suas palavras quando vê a vida humana cuidada e protegida e quando ela é ameaçada.

ATIVIDADE

Deixar que cada criança veja sua imagem no espelho. Em seguida, escreva no seu livro: "Como eu sou? O que é possível saber de mim olhando para minha imagem? O que não está na imagem, mas faz parte do meu jeito de ser?"

VIVER O BATISMO – MERGULHO NA GRAÇA DE DEUS

▶ No livro do catequizando, o que segue está na página 22.

Deus nos ama tanto que nos fez parecidos com ele. Pelo Batismo, somos marcados para estar mais unidos a Jesus Cristo. Toda pessoa é amada por Deus. O maior presente que recebemos foi a vida. Outro grande presente é a vida em Cristo que nos é dada quando somos batizados. Batismo significa mergulho. No Batismo, mergulhamos na vida de Cristo.

ORAÇÃO FINAL

▶ Na mesa da Palavra.

Catequista: Diante de Jesus, cada um agradeça pelas pessoas que fazem parte de sua vida: família, amigos etc.

▶ Ajudar as crianças a conversar com Jesus. Especialmente o catequista deve procurar formular alguma prece relacionada com o texto bíblico rezado neste encontro.
Ao término, todos rezam a oração final. No livro do catequizando, o que segue está na página 22.

Todos: Pai bondoso, tu nos fizeste à tua imagem e semelhança. Ensina-nos a viver de tal modo que nos tornemos sempre mais parecidos contigo. Que saibamos reconhecer em cada pessoa a tua imagem e o teu convite para sermos todos irmãos. Amém!

PARA O PRÓXIMO ENCONTRO

▶ No livro do catequizando, o que segue está na página 22.

Localizar uma notícia na internet, na televisão ou no jornal sobre uma pessoa que valorizou ou cuidou da vida. Anotar no livro e responder: Como essa pessoa se revela como imagem e semelhança de Deus?

VAMOS CANTAR: "IMAGEM E SEMELHANÇA DE DEUS"

▶ No CD, faixa 5.
   No livro do catequizando, o que segue está na página 23.

Imagem e semelhança de Deus
é o homem e a mulher
Se somos filhos herdeiros do amor
fazemos o que o bom Deus quer

Ele nos deu o mundo pra cuidar.
Seremos bem mais decentes
Se tudo o que ele criou
aprendermos a respeitar

Temos liberdade, podemos decidir
podemos ser amigos, podemos destruir
Vamos ser de Deus, vamos ser irmãos

/: **Vamos cuidar da vida e andar na mesma direção:/**

6 A QUEBRA DA ALIANÇA
(GÊNESIS 3,1-7)

PREPARAR

Vaso pequeno para ser quebrado.

ACOLHIDA
▶ Na mesa com cadeiras.

- Recordar os fatos da semana.
- Verificar o que cada um trouxe (notícias registradas) sobre pessoas que se revelam como imagem e semelhança de Deus.

MESA DA PALAVRA
▶ Na mesa da Palavra.

Catequista: Iniciemos nosso encontro tocando na água, que tem o poder de lavar o que está sujo e de regar o que está seco.
▶ Dar tempo para todos realizarem o rito.

Catequista: Vamos acender a vela, recordando a luz de Deus que ilumina as trevas do mundo, cantando:

Tua Palavra é lâmpada para meus pés, Senhor. Lâmpada para meus pés, Senhor. Luz para o meu caminho. (2 vezes)

ORAÇÃO INICIAL

Todos: Pai querido, por amor tu nos criaste livres. Podemos escolher o bem e o mal, podemos decidir se queremos caminhar na tua estrada ou desviar-nos dela. Ajuda-nos a ver tudo que quebra a nossa amizade contigo e nos mostra o caminho da volta à amizade contigo. Amém!

Catequista: Sabemos que o jardim de Deus era um lugar muito bom, era o paraíso. Ele foi preparado para que o ser humano pudesse viver nele em harmonia com o Deus Criador. No paraíso havia muitos tipos de fruta dos quais o ser humano podia se servir. Mas os frutos da árvore do centro do jardim não podiam ser comidos por ordem de Deus. Certo dia, apareceu uma serpente. Ela era enganadora. Ela enganou Adão e Eva. A serpente, aqui, não era apenas uma cobra. Ela simbolizava o mal, o diabo, tudo o que nos provoca a não fazer a vontade de Deus. Ela entra de surpresa no jardim. Ela não foi criada má. Mas o mal é capaz de fazer grandes estragos.

▶ Catequizando lê: Gn 3,1-7. Catequista lê: Gn 3,1-7 e ao final diz:

Catequista: Palavra do Senhor!

Todos: Graças a Deus!

O QUE A PALAVRA DIZ?

▶ Na mesa com as cadeiras.
Todos voltam para a mesa e procuram o texto na Bíblia, em seguida, marcam com caneta ou lápis o trecho de Gn 3,1-7, fazendo uma leitura silenciosa.

Catequista:

a) Quem aparece no jardim para tentar o ser humano representado por Eva?

b) Era proibido comer os frutos das árvores do jardim?

c) O que era proibido comer?

d) Como a serpente convenceu Eva?

e) O que Eva fez?

f) O que aconteceu depois que Adão e Eva comeram o fruto?

Catequista: Cada um destaca uma palavra, expressão ou frase que chamou sua atenção.

▶ O catequista explica com suas palavras o texto que está abaixo (ou pode ler e comentar o que segue). No livro do catequizando, o que segue está na página 25.

A desobediência

O ser humano fez o que a serpente sugeriu e foi infiel ao Deus único. A serpente prometia que, se a mulher e o homem comessem do fruto da árvore, poderiam ser iguais a Deus. Então, Adão e Eva, seduzidos, quebraram sua fidelidade a Deus, traíram a amizade com Deus. Desobedeceram, isto é, não escutaram a voz de Deus. O mal acabou distanciando o ser humano de Deus. A convivência entre o homem e a mulher também ficou mais difícil. Eles viram que estavam nus, isto é, desprotegidos. Assim, a quebra da Aliança é um rompimento com Deus, com o próximo e com a natureza.

Catequese sobre o pecado

Deus é bom, e tudo o que ele criou é bom. Mas o pecado é uma realidade visível para todos nós. Basta acompanharmos as notícias para ver a força que o pecado tem neste mundo. Mesmo a vida de cada um é marcada por egoísmo, afastamento de Deus, desrespeito aos outros e agressões à natureza. O mal não foi criado por Deus. O ser humano escolheu livremente fazer coisas que são contrárias ao amor e passou a prejudicar outras pessoas, provocando-lhes sofrimento. O pecado sempre causa desunião, nos afasta do amor e da comunhão com Deus.

O CATECISMO DA IGREJA CATÓLICA NN. 397-398

▶ Para o catequista aprofundar.

397. Tentado pelo Diabo, o homem deixou morrer no coração a confiança no seu Criador. Abusando da liberdade, desobedeceu ao mandamento de Deus. Nisso consistiu o primeiro pecado do homem. Daí em diante, todo pecado será uma desobediência a Deus e uma falta de confiança na sua bondade.

398. Nesse pecado, o homem preferiu a si próprio a Deus e, por isso, desprezou Deus: optou por si próprio contra Deus, contra as exigências da sua condição de criatura e, daí, contra o seu próprio bem. Constituído num estado de santidade, o homem estava destinado a ser plenamente "divinizado" por Deus na glória. Pela sedução do Diabo, quis "ser como Deus", mas "sem Deus, em vez de Deus, e não segundo Deus".

TESTEMUNHO

Neste encontro, o catequista comunica que todo mal do mundo é muito menor que o amor de Deus pela sua criação. Apesar de existir o mal e pessoas que praticam maldades, o seguidor de Jesus faz tudo para viver de modo diferente, perdoando, partilhando, cuidando das pessoas, isto é, reparando o mal cometido. Levar o catequizando a perceber que, mesmo diante da prática do mal, há sempre pessoas fazendo o bem, que se mobilizam no auxílio daqueles que sofrem, ou mesmo diante de uma situação de violência denunciam o mal.

ATIVIDADE

O catequista mostra o vaso. Pergunta para as crianças:

a) Quais são suas utilidades? Como ele é? Qual é a sua cor? De que material é feito?

b) Quem você imagina que fez o vaso? Como essa pessoa fez?

c) E se viesse alguém e quebrasse este vaso?

▶ Acidentalmente, o catequista derruba o vaso, que se quebra, e recolhe os pedaços para ser utilizado no próximo encontro.

d) Como está o vaso agora? Para que serve? Como se sentiria quem fez o vaso, se o visse quebrado?

e) Como tudo isso pode ser comparado com o texto bíblico deste encontro?

VIVER O BATISMO – PEDIR PERDÃO

▶ No livro do catequizando, o que segue está na página 25.

Quando somos batizados, somos limpos, lavados das quebras que o pecado causou na humanidade. O Batismo nos dá uma vida nova para podermos viver melhor. Mas, ao longo da vida, podemos errar e nos afastar de Deus. Uma oração que nos ajuda a voltar e a pedir perdão ao Senhor é rezada durante a missa. Vamos aprendê-la:

Senhor, tende piedade de nós!/
Cristo, tende piedade de nós!/
Senhor, tende piedade de nós!

Nesta oração, pedimos que Deus tenha piedade, isto é, que ele, ao olhar para os nossos erros, nos ajude a mudar nossa vida.

ORAÇÃO FINAL
▶ Na mesa da Palavra.

Catequista: Diante de Jesus, cada um recorda algum dos males que a humanidade causa, pois ainda hoje a serpente engana as pessoas para buscarem os caminhos errados.

▶ Ajudar as crianças a conversar com Jesus; especialmente o catequista procure formular alguma prece relacionada com o texto bíblico rezado neste encontro.
Ao término, todos rezam a oração final. No livro do catequizando, o que segue está na página 25.

Todos: Pai de bondade, quando erramos e nos afastamos de ti, há sempre uma nova chance de voltarmos para a tua Casa. Dá-nos forças para vencer o mal e viver conforme a tua vontade, pois só assim seremos felizes. Amém!

PARA O PRÓXIMO ENCONTRO
▶ No livro do catequizando, o que segue está na página 25.

Localizar uma notícia na internet, na televisão ou no jornal sobre a força do mal no mundo. Procurar responder: Quais são os males e pecados que ofendem Deus e as pessoas hoje?

VAMOS CANTAR: "A QUEBRA DA ALIANÇA"
▶ No CD, faixa 6.
No livro do catequizando, o que segue está na página 26.

O primeiro pecado que o ser humano cometeu
foi não ouvir a voz do seu Criador
Esta voz o chamou a viver na paz, e ele respondeu:
Quero saber por mim mesmo o que é melhor

Não soube ouvir a voz de Deus
queria ser igual a Deus
conhecer os segredos da terra e do céu

Nem tudo é bom fazer
nem tudo é bom fazer
É preciso saber que o mal pode ferir
se a gente se deixar por ele seduzir

7 DEUS NÃO ABANDONA A CRIAÇÃO
(GÊNESIS 6,5-8)

PREPARAR

Pedaços do vaso quebrado no encontro anterior e cola.

ACOLHIDA
▶ Na mesa com cadeiras.

- Recordar os fatos da semana.
- Verificar a tarefa de recolher notícias que expressam o mal que está no mundo e ofendem Deus e as pessoas.

MESA DA PALAVRA
▶ Na mesa da Palavra.

Catequista: Iniciemos nosso encontro tocando na água, ela renova a vida, limpa o que está sujo e purifica.
▶ Dar tempo para todos realizarem o rito.

Catequista: Vamos acender a vela, recordando que a luz de Deus afasta todo erro e pecado para quem segue seu caminho. Cantemos:

Tua Palavra é lâmpada para meus pés, Senhor. Lâmpada para meus pés, Senhor. Luz para o meu caminho. (2 vezes)

ORAÇÃO INICIAL

Todos: Pai santo, tu nunca nos abandonas e, quando pecamos, tu vens ao nosso encontro com teu amor e nos renova. Que este encontro nos abra os olhos para enxergar os sinais de tua presença conduzindo nossos dias na estrada certa. Amém!

Catequista: Vimos que o mal entrou no mundo de forma estranha. A serpente provocou a desobediência. Com o passar do tempo, cada vez mais as pessoas se afastaram de Deus. Muitos anos atrás, porém, viveu a família de Noé que se manteve amiga de Deus. Deus não queria ver mais tanta maldade no mundo e decidiu lavar tudo com uma grande enchente para destruir o que o mal tinha feito. Noé avisou as pessoas que ainda havia tempo de mudar, mas ninguém deu atenção a Noé, pelo contrário, riram de suas ideias e palavras.

Veio a enchente que chamamos de dilúvio. Noé sobreviveu, pois fez uma grande arca, um grande barco, para salvar sua família. Deus pediu, também, que na arca fosse colocado um casal de cada espécie de animal que Noé encontrasse. E assim foi feito. Choveu muitos dias. Tudo ficou inundado, mas eles se salvaram. Deus não desiste das pessoas.

Na arca se salvaram os animais e toda a família de Noé. Quando as águas baixaram, e a terra ficou seca, todos desceram da arca e apareceu no céu o arco-íris. Esse era um sinal de que Deus nunca mais iria destruir o mundo pelo dilúvio. O mundo estava renovado.

▶ Catequizando lê: Gn 6,5-8. Catequista lê: Gn 6,5-8 e ao final diz:

Catequista: Palavra do Senhor!
Todos: Graças a Deus!

O QUE A PALAVRA DIZ?

▶ Na mesa com cadeiras.
Todos voltam para a mesa e procuram o texto na Bíblia; em seguida, marcam com caneta ou lápis o trecho de Gn 6,5-8, fazendo uma leitura silenciosa.

Catequista:

a) Segundo o texto, o que Deus percebeu em relação ao comportamento humano?

b) Como ficou o coração de Deus?

c) O que Deus decidiu fazer, então?

d) Alguém foi salvo? Quem?

e) O que podemos entender por "encontrar graça diante de Deus"?

Catequista: Cada um destaca uma palavra, expressão ou frase que chamou sua atenção.

▶ O catequista explica com suas palavras o texto que está abaixo (ou pode ler e comentar o que segue). No livro do catequizando, o que segue está na página 27.

Deus nunca desiste de nós

Deus viu que a obra da criação era muito boa. Só que as pessoas preferiam o mal. A própria humanidade e o Planeta estavam para ser destruídos. Então, era preciso uma nova humanidade. Para salvar a vida animal e os seres humanos, Deus procurou alguém que lhe fosse fiel e obediente. Noé encontrou graça diante dos olhos do Senhor. O Senhor poupou Noé, pois ele era um homem justo e íntegro. Assim, Noé e sua família deram origem à nova humanidade que povoou a terra.

Catequese sobre a aliança

Deus, para mostrar seu amor pelas pessoas, fez uma aliança e colocou o arco-íris no céu como sinal. Uma aliança é um acordo entre duas partes que se comprometem a ser fiéis uma à outra. Deus fez uma aliança com a humanidade. Ele prometeu que nunca mais haverá outro dilúvio, mas as pessoas deveriam seguir os seus mandamentos e viver conforme a lei do amor. Mesmo que a humanidade não cumpra a sua parte no acordo, Deus permanece fiel. Você acha que a humanidade hoje está fazendo sua parte nesse acordo? Por quê?

O CATECISMO DA IGREJA CATÓLICA N. 41

▶ Para o catequista aprofundar.

41. Depois da queda, o homem não foi abandonado por Deus. Pelo contrário, Deus chamou-o e lhe anunciou, de modo misterioso, que venceria o mal e se levantaria da queda. Essa passagem do Gênesis tem sido chamada Protoevangelho (Primeiro Evangelho), por ser o primeiro anúncio do Messias redentor acerca do combate entre a serpente e a mulher, e da vitória final de um descendente desta.

TESTEMUNHO

Nesse encontro, o catequista testemunha o amor de Deus que é sempre fiel. Deus não nos trata de acordo com nossos erros, ele sempre se mostra amoroso e capaz de perdoar, mas a humanidade precisa aprender que não é possível desviar-se de Deus. Precisamos de pessoas como Noé.

ATIVIDADE

Com os cacos do vaso quebrado no encontro anterior, procurar recompô-lo colando as partes. Observar que elas não ficarão como antes. As marcas da quebra não desaparecerão.

O catequista provocará uma reflexão com as seguintes questões:

a) Foi possível recompor o vaso?

b) Ele ficou como antes? Quais são as diferenças?

c) Quando nos afastamos de Deus, cometemos erros que geram estragos. Às vezes até machucamos quem amamos. Você já se sentiu assim?

d) Olhando para este vaso reconstruído e depois do que conversamos, o que aprendemos?

No final, o catequista conclui com a seguinte mensagem: quando as pessoas se esquecem de Deus, elas também se quebram, ficam machucadas. Mas se elas voltarem atrás, buscando novamente a Deus, encontrarão paz. Mesmo que fiquem marcas, Deus é capaz de nos amar e de renovar a nossa vida, pois é fiel à Aliança que fez conosco.

VIVER O BATISMO – A ÁGUA QUE FAZ NASCER VIDA NOVA

▶ No livro do catequizando, o que segue está na página 28.

Catequista: Sabemos que Batismo é "mergulho". Por isso é preciso água. Durante o Batismo, há uma oração longa de bênção da água. A oração recorda tudo o que Deus fez para nos salvar. Há alguns trechos que recordam o nosso encontro.

Todos: Ó Deus, ao longo da história da salvação, tu te serviste da água para nos fazer conhecer a graça do Batismo. Já na origem do mundo, teu Espírito pairava sobre as águas, para que elas concebessem a força de santificar. Nas águas do dilúvio, prefiguraste o nascimento de uma nova humanidade, de modo que a mesma água sepultasse os vícios e fizesse nascer a santidade.

ORAÇÃO FINAL
▶ Na mesa da Palavra.

Catequista: Diante de Jesus, cada um faça sua oração pedindo para que a humanidade supere o ódio e escolha viver a paz.

▶ No término, todos rezam a oração final. No livro do catequizando, o que segue está na página 28.

Todos: Senhor Deus, nosso Pai, quando a humanidade preferiu o erro, tu escolheste Noé para recomeçar um tempo novo. Mostra-nos o caminho para sermos bons, pois queremos amar-te como tu nos ama, Deus fiel e amigo da humanidade. Amém!

PARA O PRÓXIMO ENCONTRO
▶ No livro do catequizando, o que segue está na página 28.

- Na Arca de Noé, que animais e pessoas você colocaria? Escrever ou desenhar.
- Cada um providencie uma imagem ou quadro de Nossa Senhora, a mãe de Jesus Cristo.

VAMOS CANTAR: "DEUS NÃO ABANDONA A CRIAÇÃO"
▶ No CD, faixa 7.
No livro do catequizando, o que segue está na página 28.

Se nosso mundo ficou manchado
pelo pecado, que a tantos feriu
O Deus que ama, que é grande e é forte
enfrentou a morte, jamais desistiu

Há tanta fome e tanta guerra
por toda esta terra, doendo demais

*Muitas famílias sofrendo violência
e há muitas doenças, que tiram a paz*

*Deus não abandonou
tudo o que ele criou
Se o mal quer destruir
Deus está a construir*

*Eu vou ajudar
posso e vou trabalhar
vou amar pra salvar
sim eu vou*

8 UMA JOVEM CHAMADA MARIA
(LUCAS 1,26-38)

PREPARAR

Imagens ou quadros de Nossa Senhora que cada um trouxe, inclusive o catequista. Alguns terços para ensinar as crianças.

▶ Somente entregar um terço para a criança na celebração da comunidade, prevista para logo após a realização deste encontro.

ACOLHIDA
▶ Na mesa com cadeiras.

- Recordar os fatos da semana.
- Verificar como ficou a arca que cada um desenhou em casa.
- Colocar sobre a mesa os quadros ou imagens de Nossa Senhora e perguntar: O que você sabe sobre Maria?

MESA DA PALAVRA
▶ Na mesa da Palavra.

Catequista: Iniciemos nosso encontro tocando na água e traçando o sinal da cruz.
▶ Dar tempo para todos realizarem o rito.

Catequista: Vamos acender a vela, recordando a luz que Maria trouxe ao mundo, cantando:

Ensina Maria tua gente a escutar. Desperta teus filhos que o Pai quer falar. (2 vezes) (ou outro refrão conhecido)

ORAÇÃO INICIAL

Todos: Pai bondoso, quando chegou a hora certa, tu enviaste teu Filho Jesus à terra. Por isso convidaste Maria de Nazaré para ser Mãe de Jesus. Ensina-nos a te dizer sempre SIM, como fez Nossa Senhora. Amém!

Catequista: Deus não desiste da humanidade. Depois do dilúvio, as pessoas continuaram a se distanciar de Deus, preferindo o caminho da serpente. Depois de muitas tentativas, finalmente ele decide enviar seu próprio Filho ao mundo. Para isso, pediu a colaboração de uma jovem chamada Maria. Maria pertencia a uma família simples de uma cidade chamada Nazaré, atual Israel. Ela procurava viver conforme a Lei de Deus e, por isso, observava os mandamentos. Para sua surpresa, um dia Maria recebeu uma visita especial.

▶ Catequizando lê: Lc 1,26-38. O catequista explica aos catequizandos que, quando lemos textos do Evangelho, respondemos de forma diferente dos outros textos do Antigo e do Novo Testamento.
Agora se diz: "Palavra da Salvação!", e todos respondem: "Glória a vós, Senhor!".
Catequista lê: Lc 1,26-38 e ao final diz:

Catequista: Palavra da Salvação!

Todos: Glória a vós, Senhor!

O QUE A PALAVRA DIZ?

▶ Na mesa com cadeiras.
Todos voltam para a mesa e procuram o texto na Bíblia; em seguida, marcam com caneta ou lápis o trecho de Lc 1,26-38, fazendo uma leitura silenciosa.

Catequista:

a) Quem foi enviado a Nazaré?

b) Para quem ele foi enviado?

c) O que o anjo disse?

d) Como reagiu Maria?

e) Que notícia o anjo deu a Maria?

f) O que ela perguntou?

g) Qual foi a resposta do anjo?

h) Ao final do diálogo, qual foi a decisão de Maria?

i) Quais as palavras que ela disse ao anjo?

Catequista: Cada um destaca uma palavra, expressão ou frase que chamou sua atenção.

▶ O catequista explica com suas palavras o texto que está abaixo (ou pode ler e comentar o que segue). No livro do catequizando, o que segue está na página 30.

A mãe de Jesus Cristo

Maria não compreendeu como poderia ser mãe, pois não era casada, mas apenas noiva de José. Mas, segundo o anjo, o pai da criança não seria José. O anjo explica que será pela força do Espírito Santo que Maria terá um filho e lhe dará o nome de Jesus. Maria disse: "Eis a serva, faça-se!". No ventre de Maria, Deus-Filho se fez criança. E, como mãe, carregou esse menino no colo, amamentou-o, ensinou-o a caminhar, a falar e muitas coisas mais.

Catequese sobre Maria

Maria não compreende como poderia ser mãe sem viver com um homem. O anjo respondeu-lhe que seria pela ação do Espírito Santo que ela seria mãe. Para Deus nada é impossível. Isso mostra que Jesus é humano porque é filho de Maria, e é também divino porque é Filho de Deus e não de um homem. Ela foi mãe de Jesus e, como Jesus é Deus que veio a esta terra, Maria é chamada de Mãe de Deus.

O CATECISMO DA IGREJA CATÓLICA N. 48

▶ Para o catequista aprofundar.

48. Ao longo da Antiga Aliança, a missão de Maria foi preparada pela missão de santas mulheres. Logo no princípio, temos Eva; apesar da sua desobediência, ela recebe a promessa de uma descendência que sairá vitoriosa do Maligno e a de vir a ser a mãe de todos os vivos. Em virtude dessa promessa, Sara concebe um filho, apesar da sua idade avançada. Contra toda a esperança humana, Deus escolheu o que era tido por incapaz e fraco para mostrar a sua fidelidade à promessa feita: Ana, a mãe de Samuel, Débora, Rute, Judite e Ester, e muitas outras mulheres. Maria é a primeira entre os humildes e pobres do Senhor que, confiadamente, esperam e recebem a salvação de Deus.

TESTEMUNHO

Neste encontro, o catequista testemunha quem é Maria em sua vida. Fala da sua humildade, da sua santidade e do seu serviço. Centra-se em Maria de Nazaré. Não é hora de falar de títulos, devoções e aparições de Nossa Senhora. Mais adiante, em outros anos, a catequese abordará Maria na piedade da Igreja.

ATIVIDADE

Colocar na mesa todas as imagens de Maria que o grupo trouxe. Ver como há títulos diferentes e nomes diversos para a mesma pessoa: Maria, a Mãe de Jesus e nossa mãe. O catequista aproveitará para explicar que a virgem Maria é uma só e que cada país ou região do mundo homenageia a Mãe de Deus com títulos diferentes. Cada catequizando poderá contar onde fica a imagem na sua casa e quando reza para Maria.

Uma breve parábola pode ajudar o entendimento.

Muitos nomes para a única Mãe de Jesus e nossa.

Um dia, uma mulher perguntou para sua vizinha:

– Não entendo por que há tantas Nossas Senhoras: Fátima, Lourdes, Aparecida... Umas são representadas de um jeito, outras, de outro; umas são brancas, e outras são negras. Como entender que é uma só?

A vizinha respondeu:

– É simples. Você se chama Júlia, mas seu filho a chama de mamãe, seu esposo a chama de querida, sua mãe a chama de filha, no mercado, a chamam de freguesa, eu a chamo de vizinha. São muitas formas de se dirigir a você. Cada um tem um olhar sobre a mesma pessoa. Assim ocorre com Maria, Mãe de Deus e nossa mãe. Uns a veem com a cor do seu povo, outros colocam roupas típicas de sua região, mas todos sabem que ela é Maria, a Rainha do céu e da terra.

VIVER O BATISMO – A AVE-MARIA
▶ No livro do catequizando, o que segue está na página 31.

O Batismo nos aproxima de Cristo, nos faz participar de uma grande família, que é a Igreja. Nessa família, há uma mãe querida: a Mãe de Jesus. Jesus quis que sua mãe fosse também nossa mãe.

Vamos aprender a rezar para que ela nos leve para mais perto de Jesus. Para a oração da Ave-Maria, vamos usar as primeiras palavras do anjo Gabriel: "Ave, Maria, você é cheia da graça de Deus!" O "ave" é uma saudação para Maria: Viva! Salve!

Ave, Maria, cheia de graça, o Senhor é convosco; bendita sois vós entre as mulheres e bendito é o fruto do vosso ventre, Jesus. Santa Maria, Mãe de Deus, rogai por nós, pecadores, agora e na hora de nossa morte. Amém!

ORAÇÃO FINAL
▶ Na mesa da Palavra.
No livro do catequizando, o que segue está na página 31.

Catequista: Neste encontro, vamos aprender a rezar o terço. Ele é uma parte do rosário. O rosário é um buquê de rosas que ofertamos a Nossa Senhora por meio da repetição das palavras do anjo Gabriel: Ave, Maria! No terço, rezamos 50 vezes a saudação da Ave-Maria. Em cada dezena, a cada dez Ave-Marias, começamos um Pai-Nosso e concluímos com um Glória.

- O terço começa com o Creio (na cruz).
- Depois um Pai-Nosso (conta maior e mais separada das outras).
- Seguem três Ave-Marias (três contas junto da cruz).
- 1 Glória (após as três contas).
- 1 Pai-Nosso (na conta maior).
- 10 Ave-Marias (10 contas mais unidas).
- 1 Glória (entre as contas unidas e a conta maior).
- 1 Pai-Nosso (a conta maior e mais separada das outras).
- Isso se repete cinco vezes no terço. No final de tudo, reza-se a Salve-Rainha.

Vamos rezar uma dezena do terço para aprender essa bela oração.

Todos: Pai de Jesus e nosso Pai, ao escolher Maria para Mãe de Cristo, tu pensaste em todos nós. Jesus, na cruz, antes de morrer, nos deu Maria como mãe de toda a humanidade. Hoje queremos te agradecer por essa mãe tão querida. Ela sempre nos acompanha. Que ela nos mostre o caminho que conduz a Jesus. Amém!

PARA O PRÓXIMO ENCONTRO

▶ No livro do catequizando, o que segue está na página 32.

- Memorizar a oração da Ave-Maria.
- Rezar uma dezena do terço com alguém de sua família. Tirar uma foto com o celular ou anotar quem participou do terço com você e em que dia o rezaram.
- Desenhar um terço e pintar as dezenas com uma cor e, com outra, o Pai-Nosso e o Glória.

VAMOS CANTAR: "UMA JOVEM CHAMADA MARIA"

▶ No CD, faixa 8.
No livro do catequizando, o que segue está na página 32.

Uma jovem chamada Maria
o que se passava nem tudo sabia
Quando o anjo a foi visitar
ouviu suas palavras, começou a pensar
Era o chamado pra ser Mãe do meu Senhor
e em seu ventre gerou o nosso Salvador

/: Maria, Maria, és cheia de graça
alegra-te, contigo está
o Senhor vai te guiar:/

9 O NASCIMENTO DE JESUS
(LUCAS 2,1-7)

PREPARAR

Imagens do presépio.

ACOLHIDA

▶ Na mesa com cadeiras.

- Recordar os fatos da semana.
- Verificar como foi a oração da dezena do terço. Quem fez? Como os familiares reagiram? Como o catequizando viveu essa experiência? E como cada um pintou o terço. Ver se todos já memorizaram a Ave-Maria.

MESA DA PALAVRA

▶ Na mesa da Palavra.

Catequista: Iniciemos nosso encontro tocando na água e traçando o sinal da cruz.

▶ Dar tempo para todos realizarem o rito.

Catequista: Vamos acender a vela, recordando que Jesus é o Deus da Luz, cantando:

Noite feliz, noite feliz. Pobrezinho nasceu em Belém. Eis na lapa Jesus, nosso bem. Dorme em paz, ó Jesus. Dorme em paz, ó Jesus.

ORAÇÃO INICIAL

Todos: Jesus, tu és Deus e quiseste nascer e viver entre nós. Teu nascimento trouxe grande alegria para o mundo, trouxe luz onde havia escuridão, e nossa vida se encheu de alegria. Nós te agradecemos. Amém!

Catequista: Todo ano festejamos o Natal. Quais são os sinais que aparecem na cidade para dizer que é tempo de Natal? O que celebramos no Natal? Como você festeja o Natal em sua casa?

Quando Maria estava para dar à luz, ela e José viajaram de Nazaré até Belém. A viagem era obrigatória. É que José e todas as famílias daquela época tiveram de responder ao censo em sua terra natal. Quando José e Maria chegaram a Belém, não encontraram lugar para eles nas casas nem nas hospedarias da cidade.

▶ Catequizando lê: Lc 2,1-7.
O catequista explica, mais uma vez, aos catequizandos que, quando lemos textos do Evangelho, respondemos de forma diferente aos outros textos do Antigo e do Novo Testamento.
Agora se diz: "Palavra da Salvação!", e todos respondem: "Glória a vós, Senhor!".
Catequista lê: Lc 2,1-7 e ao final diz:

Catequista: Palavra da Salvação!

Todos: Glória a vós, Senhor!

O QUE A PALAVRA DIZ?

▶ Na mesa com cadeiras.
Todos voltam para a mesa e procuram o texto na Bíblia; em seguida, marcam com caneta ou lápis o trecho de Lc 2,1-7, fazendo uma leitura silenciosa.

Catequista:

a) Por que José e Maria precisaram viajar?

b) Eles saíram de Nazaré e foram para onde?

c) O que aconteceu quando eles estavam na cidade, então?

d) Ao nascer o Menino Jesus, como Maria cuidou dele?

e) Por que o menino foi deitado numa manjedoura?

Catequista: Cada um destaca uma palavra, expressão ou frase que chamou sua atenção.

▶ O catequista explica com suas palavras o texto que está abaixo (ou pode ler e comentar o que segue). No livro do catequizando, o que segue está na página 33.

Jesus é o Menino-Deus

Embora Jesus se apresente como um bebê, é preciso contemplar nas palhas da manjedoura o Menino-Deus que quis entrar na história de modo novo e definitivo, num determinado contexto histórico, tornando a humanidade participante da sua divindade. O Filho de Deus vem ao mundo e comunica a Boa-Nova do Reino de Deus.

Catequese sobre o nascimento de Cristo

Ao chegar à plenitude do tempo, Deus enviou seu Filho, nascido de uma mulher: Maria. Quando nasceu o menino, deram-lhe o nome de Jesus, como havia sido anunciado pelo anjo.

O CATECISMO DA IGREJA CATÓLICA N. 430
▶ Para o catequista aprofundar.

430. Em hebraico, Jesus quer dizer "Deus salva". Quando da Anunciação, o anjo Gabriel dá-lhe como nome próprio Jesus, o qual exprime, ao mesmo tempo, a sua identidade e a sua missão. Uma vez que "só Deus pode perdoar os pecados" (Mc 2,7), será ele quem, em Jesus, seu Filho eterno feito homem, "salvará o seu povo dos seus pecados" (Mt 1,21). Em Jesus, Deus recapitula, assim, toda a sua história de salvação em favor dos homens.

TESTEMUNHO

Neste encontro, o catequista testemunha que Jesus é o centro de sua vida. Informa que ele é o sentido do Natal, que tantas vezes é ocultado pelos presentes, pelo Papai Noel e pelas festas. O Natal é a festa da Luz: da Luz que veio a este mundo. É importante destacar o aspecto do Deus que se faz criança e nasce na humildade, ao ser colocado numa manjedoura.

ATIVIDADE

Montar o presépio com as crianças. Cada criança escolhe uma peça do presépio. À medida que coloca o personagem no presépio, ela lê o texto correspondente.

▶ Entronizar a imagem de Maria no presépio.

Certo dia, uma jovem de Nazaré recebeu uma mensagem do céu convidando-a para ser mãe de um menino muito especial. O nome da jovem era Maria, noiva de José, e seu filho deveria chamar-se Jesus.

▶ Entronizar a imagem de José.

O carpinteiro José não conseguiu entender o que aconteceu com sua noiva. Numa noite, porém, sonhou que um anjo lhe dissera para cuidar do filho de Maria, porque ele seria um menino muito especial. Sem entender tudo, mas confiando em Deus, José assumiu o filho e cuidou do menino.

▶ Entronizar a imagem de Jesus.

Quando nasceu o filho de Maria, deram-lhe o nome de Jesus, que significa "Deus salva". Em Jesus, Deus se fez um de nós, veio morar em nosso meio para nos libertar de todo mal e abrir o caminho da salvação para toda a humanidade.

▶ Entronizar a imagem dos pastores e das ovelhas.

Os pastores eram empregados que cuidavam das ovelhas. Na noite do nascimento de Jesus, foram avisados pelos anjos que o Salvador havia nascido em Belém. Eles visitaram Jesus e anunciaram a todos a grande notícia.

▶ Entronizar as imagens dos magos.

Do Oriente vieram homens sábios que viajaram guiados por uma estrela e chegaram até o Menino-Deus. Quando chegam diante de Jesus, ajoelham-se em sinal de adoração e oferecem seus presentes: ouro – presente digno dos reis; incenso – recordando que o menino é Deus; e mirra – perfume usado em funerais e para curar feridas, que recorda que o menino, apesar de ser rei e Deus, deverá sofrer e morrer, mas que isso trará a salvação da humanidade.

▶ Quando o presépio estiver completo, pode-se cantar o que segue.

VIVER O BATISMO – HINO DE GLÓRIA

▶ No livro do catequizando, o que segue está na página 34.

No Batismo, recebemos a luz e a força de Jesus. No dia em que Jesus nasceu, os anjos cantaram Glória. Na missa, cantamos ou rezamos esta bela oração. Procuremos memorizar:

Glória a Deus nas alturas, / e paz na terra aos homens por ele amados. / Senhor Deus, Rei dos céus, Deus Pai todo-poderoso. / Nós vos louvamos, / nós vos bendizemos, / nós vos adoramos, / nós vos glorificamos, / nós vos damos graças por vossa imensa glória, / Senhor Jesus Cristo, Filho Unigênito. / Senhor Deus, / Cordeiro de Deus, / Filho de Deus Pai. / Vós que tirais o pecado do mundo, / tende piedade de nós. / Vós que tirais o pecado do mundo, / acolhei a nossa súplica. / Vós que estais à direita do Pai, / tende piedade de nós. / Só vós sois o santo. / Só vós sois o Senhor. / Só vós sois o Altíssimo. / Jesus Cristo, / com o Espírito Santo, na glória de Deus Pai. Amém!

ORAÇÃO FINAL
▶ Na mesa da Palavra.

Catequista: Todos em torno do presépio, rezar:

▶ No livro do catequizando, o que segue está na página 34.

Todos: Senhor Jesus, tu nos visitaste com o teu amor. Tu és o maior presente do Pai para a humanidade. Olhando para tua imagem no presépio, vemos a grandeza do teu gesto de tornar-se um de nós. Tu és Deus e vieste até nós como uma simples criança. Tu desceste do céu para morar aqui na terra. Ajuda-nos a viver tudo o que nos ensinaste no Evangelho. Amém!

PARA O PRÓXIMO ENCONTRO
▶ No livro do catequizando, o que segue está na página 34.

- Memorizar o Hino de Glória da missa.
- Em Jesus, Deus se fez criança. Recordando a alegria do nascimento de cada bebê, podemos preparar um presente para uma mãe grávida. Pode ser uma cesta com roupas de bebê, fraldas ou frutas. Ou podem ser cartões de boas-vindas para o bebê. Colocar junto uma oração.

▶ Considerar a realidade das crianças e a cultura local. Todos se comprometem a trazer algo para o próximo encontro.

VAMOS CANTAR: "O NASCIMENTO DE JESUS"

▶ No CD, faixa 9.
No livro do catequizando, o que segue está na página 35.

*Que acontecimento que a história marcou
nasceu em Belém, o Salvador
Céus e terras cantam de exultação
brota alegria no coração*

**/: Jesus nasceu, Ele é Salvador
vamos acolhê-lo com amor:/**

*Filho de Maria, adotivo de José
pousada entre os homens não achou
Numa manjedoura abrigo encontrou
era o Emanuel, o Deus amor*

*Vereis uma estrela/no céu a brilhar,
vai ser um sinal a indicar
Foram os pastores, queriam logo ver
presentes também foram ofertar*

10 JOÃO BATIZA JESUS
(MATEUS 3,1-17)

PREPARAR

Um jarro com água, copos para todos e uma bacia.

ACOLHIDA
▶ Na mesa com cadeiras.

- Recordar os fatos da semana.
- Partilhar o que cada um trouxe para compor o presente para a mãe grávida.

▶ Combinar com a turma a forma de entregar o presente.

MESA DA PALAVRA
▶ Na mesa da Palavra.

Catequista: Iniciemos nosso encontro mergulhando nossa mão na água, que recorda o nosso Batismo, que nos deu vida nova.

▶ Dar tempo para todos realizarem o rito.

Catequista: Vamos acender a vela, sinal da luz da Palavra de Deus que ilumina nosso caminho, cantando:

Tua Palavra é lâmpada para meus pés, Senhor. Lâmpada para meus pés, Senhor. Luz para o meu caminho. (2 vezes)

ORAÇÃO INICIAL

Todos: Jesus, tu foste batizado no rio Jordão por João; assim, assumiste nossa vida com alegrias e tristezas, esperanças e pecados. Nós te agradecemos por esse gesto. Faze com que entendamos o nosso Batismo como um mergulho no teu amor e no amor do Pai. Amém!

Catequista: João Batista era filho de Isabel e de Zacarias. Isabel era prima de Maria, mãe de Jesus. Isabel ficou grávida de João com idade avançada. Seu pai, Zacarias, nem acreditou que isso fosse possível. O nascimento de João foi uma graça de Deus. João cresceu e foi para o deserto. Lá ele decidiu preparar os caminhos de Cristo. Ele pregava com voz forte, convidava as pessoas a mudarem seu estilo de vida, escolhendo o caminho do bem.

▶ Catequizando lê: Mt 3,1-17. Catequista lê: Mt 3,1-17 e ao final diz:

Catequista: Palavra da Salvação!

Todos: Glória a vós, Senhor!

O QUE A PALAVRA DIZ?

▶ Na mesa com cadeiras.
Todos voltam para a mesa e procuram o texto na Bíblia; em seguida, marcam com caneta ou lápis o trecho de Mt 3,1-17, fazendo uma leitura silenciosa.

Catequista:

a) Onde João vivia?

b) O que João proclamava?

c) O que ele anunciava recordando as palavras do Profeta Isaías?

d) Como João se vestia?

e) O que ele comia?

f) Por que muita gente procurava João?

g) Como ele aconselhava as pessoas?

h) O que ele dizia sobre o Batismo com água?

i) Como João reagiu ao ver Jesus, que desejava ser batizado?

j) O que a pomba simboliza nesse texto?

k) Como foi o Batismo de Jesus?

l) O que apareceu no céu?

m) O que disse a voz do céu?

Catequista: Cada um destaca uma palavra, expressão ou frase que chamou sua atenção.

▶ O catequista explica com suas palavras o texto que está abaixo (ou pode ler e comentar o que segue). No livro do catequizando, o que segue está na página 37.

Batismo é mergulho

Na leitura bíblica, João batiza Jesus no rio Jordão. A palavra batismo significa mergulho. João batizava fazendo a pessoa entrar no rio. Hoje, o mais comum é derramar por três vezes água sobre a cabeça de quem recebe o Batismo. Quem é batizado mergulha na vida de Jesus para ressurgir com ele para uma vida nova. O banho do Batismo nos lava do pecado, nos torna limpos para Deus, como aconteceu com Noé, quando a água do dilúvio renovou o mundo marcado pelo pecado.

Catequese sobre o Batismo

Pelo Batismo, recebemos a responsabilidade de viver como filhos de Deus. Temos o compromisso de viver conforme a sua vontade, de amar as outras pessoas como Jesus nos ensinou. O Batismo é o primeiro sacramento que recebemos e só podemos recebê-lo uma única vez. Ele é a entrada na vida cristã, o começo para podermos receber os outros sacramentos. O Batismo é a porta pela qual entramos na Igreja e passamos a fazer parte da família de Deus.

O CATECISMO DA IGREJA CATÓLICA N. 535

▶ Para o catequista aprofundar.

535. João pregava "um batismo de penitência, em ordem à remissão dos pecados" (Lc 3,3). Uma multidão de pecadores, publicanos e soldados, fariseus, saduceus e prostitutas vinha ter com ele, para que os batizasse. "Então aparece Jesus." O Batista hesita, Jesus insiste: e recebe o Batismo. Então, o Espírito Santo, sob a forma de pomba, desceu sobre Jesus e uma voz do céu proclamou: "Este é o meu Filho muito amado" (Mt 3,13-17), tal foi a manifestação de Jesus como Messias de Israel e Filho de Deus.

TESTEMUNHO

O catequista testemunha a alegria de ser batizado e pertencer à Igreja, família de Deus. Detalhar que somos acolhidos como filhos do Pai, porque nos tornamos filhos em Cristo, que nos acolhe como seus irmãos.

ATIVIDADE

O catequista serve um pouco de água para os catequizandos e, em seguida, derrama um pouco de água na bacia. Depois, pergunta ao grupo:

- O que é a água? Onde encontramos água?
- Para que serve a água? Quando utilizamos água?
- E se não existisse água, como seria?
- Por que a água está relacionada ao Batismo?
- Por que o Batismo está relacionado à água (por que significa mergulho?)

Em seguida, cada um desenha no livro o seu Batismo, como se fosse uma foto, e escreve aquilo que sabe sobre este momento: onde foi, quem estava presente, quem eram seus padrinhos... Caprichar na água que foi derramada sobre a cabeça. Ao final, colocar de forma bem bonita a frase: *Eu sou um filho muito amado por Deus*.

▶ Essa atividade está na página 37 do livro do catequizando.

VIVER O BATISMO – EM NOME DO PAI E DO FILHO E DO ESPÍRITO SANTO

▶ No livro do catequizando, o que segue está na página 37.

Jesus foi batizado por João nas águas do rio Jordão. Nós fomos batizados na Igreja com água. Quando fomos batizados, foi derramada água em nossa cabeça e foram ditas as seguintes palavras: "(Nome), eu te batizo em nome do Pai, do Filho e do Espírito Santo. Amém!".

ORAÇÃO FINAL

▶ Na mesa da Palavra.

Catequista: Todos mergulham a mão na água e, novamente, traçam o sinal da cruz e rezam:

▶ No livro do catequizando, o que segue está na página 37.

Todos: Pai santo, quando teu Filho Jesus foi batizado, o céu se abriu para nós. Jesus trouxe tua Palavra para todos nós. Faze com que jamais nos separemos dele, pois, assim, estaremos sempre junto de ti, Deus de amor. Tu que és Pai, Filho e Espírito Santo. Amém!

PARA O PRÓXIMO ENCONTRO
▶ No livro do catequizando, o que segue está na página 37.

Pesquisar o nome do Papa, do bispo e dos padres da sua comunidade. Se possível, trazer fotos deles.

VAMOS CANTAR: "JOÃO BATIZA JESUS"
▶ No CD, faixa 10.
No livro do catequizando, o que segue está na página 38.

João Batista veio dizer
que era hora de se converter
Anunciou ao povo o Batismo
batizava para a conversão
Quem quisesse acolher Jesus
que mais tarde haveria de vir
Deveria praticar a bondade
e sem falsidade buscar o melhor

/: *João Batista vem batizar*
todo povo quer mudar:/

11 JESUS CONVIDA DISCÍPULOS
(MARCOS 1,16-20)

PREPARAR

Rede de pesca, cartolina, fita adesiva, tesoura e lápis de cor ou caneta hidrocor.

ACOLHIDA
▶ Na mesa com cadeiras.

- Recordar os fatos da semana.
- Partilhar o que cada um trouxe sobre o Papa, o bispo e os padres da comunidade.

MESA DA PALAVRA
▶ Na mesa da Palavra.

Catequista: Iniciemos nosso encontro mergulhando nossa mão na água, que recorda o nosso Batismo, pelo qual Jesus nos chamou a caminhar com ele.

▶ Dar tempo para todos realizarem o rito.

Catequista: Vamos acender a vela, sinal da luz da Palavra de Deus que ilumina nosso caminho, cantando:

Senhor, se tu me chamas, eu quero te ouvir, se queres que eu te siga, respondo eis-me aqui. (2 vezes)

ORAÇÃO INICIAL

Todos: Jesus, amado do Pai, quando estiveste neste mundo, chamaste doze apóstolos para te seguirem. Chamas todos nós para sermos teus discípulos no mundo de hoje. Ensina-nos palavras e atitudes que revelam o amor de Deus pela humanidade, mostra-nos o teu caminho, queremos seguir-te. Amém!

Catequista: Na beira do mar da Galileia, Jesus começou a ensinar e a realizar seus gestos de amor. Ele ensinava, curava doentes, falava do Reino do Pai, que é um reino de amor, de justiça e de paz. Jesus chamou outras pessoas para colaborarem com ele nessa missão.

▶ Catequizando lê: Mc 1,16-20. Catequista lê: Mc 1,16-20 e ao final diz:

Catequista: Palavra da Salvação!

Todos: Glória a vós, Senhor!

O QUE A PALAVRA DIZ?

▶ Na mesa com cadeiras.
Todos voltam para a mesa e procuram o texto na Bíblia; em seguida, marcam com caneta ou lápis o trecho de Mc 1,16-20, fazendo uma leitura silenciosa.

Catequista:

a) O que Jesus fazia pelo mar da Galileia?

b) Quem ele viu primeiro?

c) Qual era a profissão daqueles homens?

d) O que Jesus disse a eles?

e) O que eles fizeram imediatamente?

f) Quem Jesus viu em seguida?

g) O que Jesus fez?

h) O que aqueles pescadores fizeram?

Catequista: Cada um destaca uma palavra, expressão ou frase que chamou sua atenção.

▶ O catequista explica com suas palavras o texto que está abaixo (ou pode ler e comentar o que segue). No livro do catequizando, o que segue está na página 39.

Seguir Jesus no caminho da vida

Jesus passa e convida, vê e chama. Os dois pescadores eram pessoas normais, práticas e de bom senso. Simão e André são os primeiros a ser chamados. Depois deles, houve muitos outros. Jesus chama uma dupla de irmãos e depois fará de toda a humanidade uma grande fraternidade, aberta a todos, sem exclusões. As redes representam o trabalho daqueles homens. Quando eles as abandonam, não o fazem por um sentido de rejeição, mas movidos pela alegria. Tiago e João deixam seu pai e também seguem Jesus. O Evangelho mostra Jesus que caminha, e o discípulo que o segue. O discípulo vai junto, atrás dele.

Como percebemos que o Papa, bispos e padres se mostram como seguidores de Jesus em nossos dias?

Catequese sobre a vocação

A palavra *vocação* significa chamado. A vocação é um chamado de Deus para a pessoa ser feliz e fazer os outros felizes. Responder com um "sim" ao chamado de Deus é acolher a felicidade oferecida por ele. A vocação é um caminho que Deus nos dá, um jeito de viver e agir. Como cristãos, somos convidados para servir aos outros na nossa vocação, sendo padres, religiosos ou leigos. Para cada um, Deus dá um caminho de felicidade. É importante que escutemos a voz de Jesus que pode chamar, ao longo da vida, rapazes e moças para deixar os barcos e segui-lo, como padre, religioso ou leigo. Se um dia Jesus chamar você, não tenha medo, ele mesmo acompanha aqueles que escolhe para a missão.

O CATECISMO DA IGREJA CATÓLICA N. 542

▶ Para o catequista aprofundar.

542. Cristo está no centro dessa reunião dos homens na "família de Deus". Reúne-os à sua volta pela sua Palavra, pelos seus sinais que manifestam o Reino de Deus, pelo envio dos discípulos. E realizará a vinda do seu Reino, sobretudo pelo grande mistério da sua Páscoa: a sua morte de cruz e a sua ressurreição. "E eu, uma vez elevado da terra, atrairei todos a mim" (Jo 12,32). Todos os homens são chamados a uma união com Cristo.

TESTEMUNHO

O catequista testemunha a alegria de se sentir chamado a ser catequista. Faz a criança perceber que essa missão é um convite do próprio Cristo por meio da Igreja. Mostra o quanto é feliz por se sentir como os pescadores da Galileia: visto e chamado pelo nome. Nesse momento, o catequista vale-se da pesquisa que os catequizandos fizeram sobre o Papa, o bispo e os padres. Fazer as crianças relacionarem a missão dessas pessoas com a missão dada aos apóstolos, vista no Evangelho deste encontro.

ATIVIDADE

Colocar uma rede sobre a mesa. Ela representa o Cristo, que nos chama a segui-lo. Somos peixes dessa rede. Usando cartolina, tesoura e fita adesiva, cada um desenha um peixe e escreve uma frase que se refira ao encontro de hoje. Recorta o peixe e, enquanto a música toca, prende-o na rede com fita adesiva.

VIVER O BATISMO É ANDAR COM JESUS

▶ No livro do catequizando, o que segue está na página 40.

Todo batizado é solicitado a seguir Jesus. Tem uma vocação, um chamado. O que significa caminhar com Jesus? Fazer o que ele fez. Hoje também as pessoas precisam de amor, perdão, partilha e paz. Para andar com Jesus, é preciso querer o bem a todas as pessoas, viver em comunidade, participar da Igreja, ajudar os mais fracos, especialmente os doentes, famintos, sem roupa (carentes), os que vivem sozinhos. Você, que é batizado, também pode pensar: como posso seguir Jesus quando estou na escola, na rua onde moro, em casa, com meus amigos e nos demais locais que frequento?

ORAÇÃO FINAL

▶ Na mesa da Palavra.

Catequista: Diante de Jesus que chamou os apóstolos, vamos recordar o nome de pessoas que conhecemos e que também foram chamadas por Jesus para trabalhar com ele na obra da salvação.

▶ No livro do catequizando, o que segue está na página 40.

Catequista: Jesus, que chamaste os apóstolos a te seguirem, passa também pelos nossos caminhos, nossas famílias, nossas escolas, nossas comunidades e repete o convite para que caminhemos contigo. Dá coragem às pessoas convidadas e cuida para que aqueles que foram chamados sejam firmes na fé e fortes para comunicar teu amor ao mundo. Amém!

PARA O PRÓXIMO ENCONTRO

▶ No livro do catequizando, o que segue está na página 40.

Procurar memorizar o Pai-Nosso pensando em cada palavra desta oração. No próximo encontro, vamos refletir sobre esta bela oração que Jesus nos ensinou.

Pai nosso que estais no céu, santificado seja o vosso nome, venha a nós o vosso Reino; seja feita a vossa vontade, assim na terra como no céu. O pão nosso de cada dia nos dai hoje; perdoai-nos as nossas ofensas, assim como nós perdoamos a quem nos tem ofendido; e não nos deixeis cair em tentação, mas livrai-nos do mal. Amém!

VAMOS CANTAR: "JESUS CONVIDA OS DISCÍPULOS"

▶ No CD, faixa 11.
No livro do catequizando, o que segue está na página 41.

Caminhando naquelas terras / naquele sol e naquele chão
Jesus ia chamando gente / para ajudar na libertação
Discípulos missionários / aceitaram com ele seguir
E quanta vida salvaram / por seguir o Mestre e ao povo servir

/: Sou discípulo, hoje sou
missionário, hoje sou
seguidor de Jesus:/

Jesus continua chamando / crianças e jovens e adultos também
Quem decidir segui-lo / ajudará a semear o bem
Discípulos missionários / aceitaram com ele seguir
Nós somos sim batizados
e o mestre nos chama / ao povo servir

12 JESUS ENSINA A REZAR: O PAI-NOSSO
(MATEUS 6,9-15)

PREPARAR

Pão para ser partilhado.

ACOLHIDA
▶ Na mesa com cadeiras.

- Recordar os fatos da semana.
- Verificar quem já memorizou o Pai-Nosso e apoiar quem ainda não consegue rezar essa oração.

MESA DA PALAVRA
▶ Na mesa da Palavra.

Catequista: Iniciemos nosso encontro mergulhando nossa mão na água, que recorda o nosso Batismo, pelo qual fomos acolhidos como filhos do Pai do céu.

▶ Dar tempo para todos realizarem o rito.

Catequista: Vamos acender a vela, sinal da luz da Palavra do nosso Pai que ilumina nosso caminho, cantando:

Pela Palavra de Deus, saberemos por onde andar, ela é luz e verdade, precisamos acreditar. (2 vezes)

ORAÇÃO INICIAL

Todos: Senhor Jesus, tu ensinaste os teus discípulos a rezar ao Pai. Faze que aprendamos contigo a amar o Pai que está nos céus e saibamos repartir o pão nosso de cada dia com todos que precisarem. Amém!

Catequista: Os discípulos de Jesus o viram muitas vezes rezar. Eles tiveram a curiosidade de aprender a rezar como Jesus rezava. Jesus rezava de uma forma tão especial que seus seguidores pediram: "Senhor, ensina-nos a rezar".

▶ Catequizando lê: Mt 6,9-15. Catequista lê: Mt 6,9-15 e ao final diz:

Catequista: Palavra da Salvação!

Todos: Glória a vós, Senhor!

O QUE A PALAVRA DIZ?

▶ Na mesa com cadeiras.
Todos voltam para a mesa e procuram o texto na Bíblia; em seguida, marcam com caneta ou lápis o trecho de Mt 6,9-15, fazendo uma leitura silenciosa.

Catequista:

a) O que diz a oração de Jesus sobre o Pai?

b) Como se refere ao pão?

c) O que fala sobre as ofensas?

d) O que diz sobre as tentações e o mal?

Catequista: Cada um destaca uma palavra, expressão ou frase que chamou sua atenção.

▶ O catequista explica com suas palavras o texto que está abaixo (ou pode ler e comentar o que segue). No livro do catequizando, o que segue está na página 42.

Os sete pedidos do Pai-Nosso

O Pai-Nosso é um programa de vida, uma síntese do Evangelho dirigida ao Pai que contém sete pedidos.

"Pai nosso que estás nos céus." Jesus nos ensinou a nos dirigirmos a Deus com a confiança de uma criança, chamando-o de Pai. Ele está no céu e em toda parte.

1) *"Santificado seja o teu nome."* O nome de Deus é reconhecido como santo quando seus filhos cumprem seus mandamentos.

2) *"Venha a nós o teu Reino."* O Reino de Deus é a realidade de vida plena e eterna para os filhos dele, como ensinou Jesus.

3) *"Seja feita a tua vontade, como no céu, assim também na terra."* O que Deus quer é cumprido no céu pelos anjos; por isso, homens e mulheres na terra precisam também fazer a vontade do Pai.

4) *"O pão nosso de cada dia dá-nos hoje."* O pão é sinal de sustento, de alimento, fruto do trabalho de cada dia. Pede-se que nunca falte sustento para os filhos de Deus.

5) *"Perdoa as nossas dívidas, assim como nós perdoamos aos que nos devem."* As dívidas ou ofensas precisam ser perdoadas, para que as pessoas convivam em harmonia. Sem perdão, a pessoa não pode recomeçar sua vida.

6) *"E não nos introduzas em tentação."* Tentação é a oferta do mal que tende a nos afastar do bem e de Deus. Somos nós que decidimos, por isso pedimos na oração para não ceder, não cair no erro.

7) *"Mas livra-nos do Maligno."* O mal e o maligno se opõem ao amor de Deus. Só Deus pode nos libertar do poder do mal que muitas vezes e de diversos modos quer reinar entre nós.

Catequese sobre a oração

Algo muito importante na vida dos cristãos é a oração. Rezar é uma atitude da pessoa que tem fé e quer ouvir e falar com Deus sobre sua vida, sua vocação, e pedir ajuda nas dificuldades. Na oração do Pai-Nosso, temos a grande alegria de poder chamar Deus de nosso Pai. Rezamos com grande confiança, com a alegria de sermos filhos de Deus. Quando dizemos que Deus é nosso Pai, devemos reconhecer que todos somos irmãos. Quando rezamos, nos tornamos pessoas melhores, porque aprendemos do próprio Deus a perdoar, a cuidar e a amar como ele faz conosco.

O CATECISMO DA IGREJA CATÓLICA N. 2763

▶ Para o catequista aprofundar.

2763. Todas as Escrituras (a Lei, os Profetas e os Salmos) se cumpriram em Cristo. O Evangelho é essa *boa-nova*. O seu primeiro anúncio foi resumido por São Mateus no sermão da montanha. Ora, a oração do Pai-Nosso está no centro desse anúncio. E é nesse contexto que se elucida cada uma das petições da oração legada pelo Senhor: "A oração dominical é a mais perfeita das orações [...]. Nela, não só pedimos tudo quanto podemos retamente desejar, mas também segundo a ordem em que convém desejá-lo. De modo que esta oração não só nos ensina a pedir, mas também plasma todos os nossos afetos".

TESTEMUNHO

O catequista testemunha sua vida de oração. A criança deve saber como reza seu catequista, quando e onde reza, o que pede e o que escuta do Senhor, que tipo de orações faz. Destaque o valor da missa como a grande oração de Cristo ao Pai, da qual todos nós participamos.

ATIVIDADE

- O catequista coloca o pão no centro da mesa.
- Pede ao grupo que recorde das muitas pessoas que estiveram envolvidas até o pão chegar na mesa. Desde o agricultor até o padeiro, uma série de pessoas ajudou a levar o pão até lá.
- Também é o pão que a oração do Pai-Nosso pede: o pão do trabalho e o pão da partilha. Ninguém pode negar comida a alguém que precisa. O pão depende do trigo, e quem faz crescer o trigal é o Criador, e ele não cobra pela chuva nem pelo sol.
- O catequista reparte o pão ao meio e o vai repassando, para que cada catequizando reparta com os outros, enquanto se escuta ou se canta a música.

VIVER O BATISMO É CHAMAR DEUS DE PAI

▶ No livro do catequizando, o que segue está na página 43.

No final do Batismo, antes da bênção, reza-se o Pai-Nosso, a oração que Jesus ensinou os apóstolos. Quem é batizado pode chamar Deus de Pai, porque Jesus é nosso irmão e nos ensinou a ter essa familiaridade com Deus. Aprendemos também que o melhor pedido que um cristão pode fazer é: seja feita a vossa vontade! Sim, nós rezamos para que tudo seja feito aqui, na terra, conforme o desejo de Deus.

ORAÇÃO FINAL

▶ Na mesa da Palavra.
No livro do catequizando, o que segue está na página 43.

Catequista: Rezemos o Pai-Nosso como conclusão deste encontro:

Todos: Pai nosso que estais no céu, santificado seja o vosso nome, venha a nós o vosso Reino; seja feita a vossa vontade, assim na terra como no céu. O pão nosso de cada dia nos dai hoje; perdoai-nos as nossas ofensas, assim como nós perdoamos a quem nos tem ofendido; e não nos deixeis cair em tentação, mas livrai-nos do mal. Amém!

PARA O PRÓXIMO ENCONTRO

▶ No livro do catequizando, o que segue está na página 44.

Quando chamamos Deus de Pai, entendemos que todas as pessoas do mundo são irmãs, pois todos somos filhos do mesmo Pai. Infelizmente, há irmãos nossos passando necessidades. Como podemos ajudar?

Combinar com o grupo uma ação concreta em favor das pessoas necessitadas – pode ser uma cesta básica formada pela doação de um alimento trazido pelos catequizandos. Pode ser outra forma de ajudar.

VAMOS CANTAR: "PAI NOSSO QUE ESTAIS NO CÉU"

▶ No CD, faixa 12.
No livro do catequizando, o que segue está na página 44.

Pai nosso que estais no céu
santificado seja o vosso nome

Venha a nós o vosso Reino
seja feita a vossa vontade

Assim na terra como no céu

O pão nosso de cada dia nos dai hoje
perdoai-nos as nossas ofensas
assim como nós perdoamos a quem nos tem ofendido

E não nos deixeis cair em tentação
mas livrai-nos do mal/livrai-nos do mal, livrai-nos do mal

13 JESUS ACALMA O MAR
(MARCOS 4,35-41)

PREPARAR

Papel para fazer barcos e cartões para escrever uma mensagem.

ACOLHIDA
▶ Na mesa com cadeiras.

- Recordar os fatos da semana.
- Verificar como o grupo organizou o gesto de caridade ou a cesta básica para quem precisa e como será feita a entrega. Recordar que o Pai-Nosso nos estimula a tratar todas as pessoas como nossas irmãs.

MESA DA PALAVRA
▶ Na mesa da Palavra.

Catequista: Iniciemos nosso encontro mergulhando nossa mão na água. Esse é um gesto de quem entrega todo seu ser nas mãos de Deus, que acalma as tempestades de nossa vida.

▶ Dar tempo para todos realizarem o rito.

Catequista: Vamos acender a vela, sinal da luz da Palavra que ilumina nosso caminho, cantando:

Tua Palavra é lâmpada para meus pés, Senhor. Lâmpada para meus pés, Senhor. Luz para o meu caminho. (2 vezes)

ORAÇÃO INICIAL

Todos: Jesus, tu és a alegria da nossa vida. Como é bom sentir tua presença, que nos acalma quando nos agitamos no dia a dia. Que neste encontro possamos confiar sempre mais em ti, pois o céu e a terra te pertencem e escutam tua voz. Amém!

Catequista: No texto de hoje vamos ver como Jesus enfrenta uma tempestade no meio do mar da Galileia. Jesus e os discípulos entraram num barco e estavam atravessando o mar. No meio da viagem, o mar estava agitado, o vento forte sacudia o barco a ponto de ele virar. Vamos ver como Jesus agiu.

▶ Catequizando lê: Mc 4,35-41. Catequista lê: Mc 4,35-41 e ao final diz:

Catequista: Palavra da Salvação!

Todos: Glória a vós, Senhor!

O QUE A PALAVRA DIZ?

▶ Na mesa com cadeiras.
Todos voltam para a mesa e procuram o texto na Bíblia; em seguida, marcam com caneta ou lápis o trecho de Mc 4,35-41, fazendo uma leitura silenciosa.

Catequista:

a) Quem foi para o barco?

b) O que aconteceu na viagem?

c) O que fazia Jesus durante a tempestade?

d) O que é que os discípulos disseram ao acordar Jesus?

e) O que fez Jesus?

f) O que aconteceu com o mar e o vento?

g) O que disse Jesus aos discípulos?

h) O que disseram os discípulos sobre Jesus?

Catequista: Cada um destaca uma palavra, expressão ou frase que chamou sua atenção.

▶ O catequista explica com suas palavras o texto que está abaixo (ou pode ler e comentar o que segue). No livro do catequizando, o que segue está na página 45.

Jesus é Deus conosco

"Por que sois tão medrosos? Ainda não tendes fé?", pergunta Jesus aos discípulos que o acompanham na travessia do mar. Medo e confiança são dois sentimentos contrários que estão no coração humano. O medo bloqueia; a confiança faz caminhar. Jesus acalma o vento e o mar. Ele mostra, assim, seu poder sobre a natureza. Tudo o que existe lhe obedece, pois ele é Deus no meio de nós. Com ele as doenças são curadas, o maligno se afasta e a natureza se acalma. Onde está Deus, há vida em plenitude. Jesus é Deus, portanto, onde está Jesus, existe paz.

Catequese sobre a divindade de Jesus

Os discípulos reconheciam que Jesus agia por meio de Deus, pois ele tinha o poder de vencer todo mal. Na vida de Jesus aconteceram várias situações em que ele curou doentes, multiplicou pães, expulsou demônios. Todos esses sinais faziam as pessoas, especialmente os discípulos, se perguntarem: quem é este homem que acalma o vento e o mar? Como ele pode fazer essas coisas? Na verdade, por meio de palavras, gestos e sinais, Jesus foi se revelando: Jesus é Deus que veio nos visitar. Aos poucos, os discípulos vão entendendo que Jesus não age em nome de um Deus, mas ele mesmo é Deus. Só Deus pode acalmar a tempestade, livrar do mal e restaurar a vida ameaçada pela doença.

O CATECISMO DA IGREJA CATÓLICA N. 548

▶ Para o catequista aprofundar.

548. Os sinais realizados por Jesus testemunham que o Pai o enviou. Convidam a crer nele. Aos que se dirigem a ele com fé, concede-lhes o que pedem. Assim, os milagres fortificam a fé naquele que faz as obras do seu Pai: testemunham que ele é o Filho de Deus. Mas também podem ser "ocasião de queda". Eles não pretendem satisfazer a curiosidade nem desejos mágicos. Apesar de os seus milagres serem tão evidentes, Jesus é rejeitado por alguns; chega mesmo a ser acusado de agir pelo poder dos demônios.

TESTEMUNHO

O catequista testemunha momentos de sua vida em que confiou no Senhor e como ele acalmou as tempestades que podem aparecer ao longo de nossos dias. Não precisam ser necessariamente fatos extraordinários, mas especialmente sinais de confiança em Deus que se traduziram em paz.

ATIVIDADE

Nossa vida parece um mar: às vezes está calma, outras vezes, agitada. Para navegar, é preciso um barco. Esse barco é a Igreja, onde Jesus está para acalmar as tempestades. Cada catequizando faz um barquinho de papel, dentro do qual coloca alguns cartões em que está escrito: *Não te perturbes, Jesus está sempre contigo*. Cada criança leva o barco para casa, para a escola e onde mais quiser distribuir os cartões que fez.

VIVER O BATISMO É RENUNCIAR AO MAL
▶ No livro do catequizando, o que segue está na página 46.

Vimos, no encontro de hoje, que Jesus vence o mal. Ele também vence o mal que há no nosso coração. O batizado pode, com Jesus, vencer as tentações que nos impedem de ser bons. Quando fazemos a renovação das promessas do Batismo, a primeira coisa que dizemos é que renunciamos ao mal.

Catequista: Para viver na liberdade dos filhos de Deus, vocês renunciam ao pecado?

Todos: Renuncio.

Catequista: Para viver como irmãos, vocês renunciam a tudo o que causa desunião?

Todos: Renuncio.

Catequista: Para seguir Jesus Cristo, vocês renunciam ao demônio, autor e princípio do pecado?

Todos: Renuncio.

ORAÇÃO FINAL
▶ Na mesa da Palavra.

Catequista: Nessa oração, vamos recordar os nomes dos nossos padrinhos de Batismo e rezar por eles.

▶ Todos dizem o nome dos padrinhos e, em seguida, reza-se o que segue.
No livro do catequizando esta oração está na página 46.

Todos: Jesus, tu que acalmaste a tempestade do mar, cuida de nossa vida, nossa família e nosso mundo. Muitas vezes nos agitamos, temos medo e não temos tanta fé como gostaríamos. Aumenta nossa fé em ti, tu que tens o poder de dar paz a todos que te encontram. Amém!

PARA O PRÓXIMO ENCONTRO
▶ No livro do catequizando, o que segue está na página 46.

- Distribuir os cartões do barquinho durante a semana.
- Entrevistar duas pessoas que respondam às seguintes perguntas:
    - O que é um rei?
    - O que faz um rei?
    - Como um rei é tratado?
    - Você sabe de algum lugar onde existam reis? Onde?
- Escrever as respostas.

VAMOS CANTAR: "JESUS ACALMA O MAR"
▶ No CD, faixa 13.
No livro do catequizando, o que segue está na página 47.

Com os amigos subiu à barca
vento forte, ventania, agitava o mar
Grandes ondas se formavam
agitando aquela barca / a sucumbir
e o medo era mais forte / pois Jesus estava a dormir

/: Jesus desperta e acalma o mar / já não há mais temor
Onde há Jesus, nova luz vai brilhar:/

A barca lembra a Igreja / tantas vezes, quanta coisa, a ameaçar
O pecado age na gente / como ondas agitando o povo de Deus
Sem Jesus em nossa vida / o temor nos ameaçará

14 JESUS ENTRA EM JERUSALÉM
(LUCAS 19,28-38)

PREPARAR

Papel ou cartolina e canetas coloridas para colocar as respostas sobre o rei – fazendo um painel. Ramos verdes para cada participante, retalhos de tecido, TNT ou de papel colorido para unir e fazer um tapete.

ACOLHIDA
▶ Na mesa com cadeiras.

- Recordar os fatos da semana.
- Verificar como foi a entrega dos cartões do barquinho.
- Conferir as respostas da pesquisa sobre o rei.
- Dividir a cartolina ao meio e numa parte colocar uma síntese das principais palavras que caracterizam o rei e seu jeito de viver.
- A outra parte da cartolina será utilizada posteriormente para fazer o comparativo com o tipo de reinado de Jesus.

MESA DA PALAVRA
▶ Na mesa da Palavra.

Catequista: Iniciemos nosso encontro mergulhando nossa mão na água, que recorda o nosso Batismo.
▶ Dar tempo para todos realizarem o rito.

Catequista: Vamos acender a vela, sinal da luz da Palavra que ilumina nosso caminho, cantando:

Ó luz do Senhor, que vem sobre a terra, inunda meu ser, permanece em nós. (2 vezes)

ORAÇÃO INICIAL

Todos: Jesus, nosso rei. Tu és humilde e simples, mesmo sendo nosso Deus e Senhor. Quando entraste em Jerusalém montado num jumento, foste aclamado como rei. Ensina-nos a acolher-te como o rei de nosso coração, todos os dias de nossa vida. Amém!

Catequista: Jesus, após três anos ensinando seu povo e realizando sinais e milagres que confirmavam suas palavras, tomou a firme decisão de ir para Jerusalém, a capital do seu país. Ele entrou naquela cidade e foi muito bem recebido pelo povo que estava nas ruas, pois tinham ouvido falar do homem que curava os doentes, acalmava o mar e ensinava a todos. O povo queria fazer de Jesus o rei de Jerusalém. Por isso pegaram ramos de árvores para acenar e jogavam mantos no chão, fazendo um tapete para Jesus passar.

▶ Catequizando lê: Lc 19,28-38. Catequista lê: Lc 19,28-38 e ao final diz:

Catequista: Palavra da Salvação!

Todos: Glória a vós, Senhor!

O QUE A PALAVRA DIZ?

▶ Na mesa com cadeiras.
Todos voltam para a mesa e procuram o texto na Bíblia; em seguida, marcam com caneta ou lápis o trecho de Lc 19,28-38, fazendo uma leitura silenciosa.

Catequista:

a) Para onde Jesus foi com os discípulos?

b) Quando se aproximou do monte das Oliveiras, o que Jesus pediu a dois discípulos?

c) O que fizeram os discípulos?

d) Como Jesus entrou na cidade de Jerusalém?

e) O que a multidão fez?

f) Por que todos aclamavam Jesus?

g) O que dizia a multidão?

Catequista: Cada um destaca uma palavra, expressão ou frase que chamou sua atenção.

▶ O catequista explica com suas palavras o texto que está abaixo (ou pode ler e comentar o que segue). No livro do catequizando, o que segue está na página 48.

Jesus é um rei diferente

Jesus tinha consciência de ser o humilde servo do Senhor. Por isso não escolheu um cavalo forte nem uma carruagem de luxo para entrar em Jerusalém. Ele montou num jumentinho, que é apenas um animal de serviço. Mas o povo, ao ver Jesus, fica feliz e espera que ele inicie um governo novo naquela cidade. Ele é aclamado com ramos de oliveira e de palmas. Para muitos, Jesus iria derrubar o poder dos romanos e tomar conta da cidade, por isso o povo estava fazendo festa. Nem imaginava o que realmente estava para acontecer com Jesus: sua morte na cruz.

Catequese sobre Jesus, o "Rei"

A entrada na cidade, antigamente, era própria dos reis, que eram acolhidos de forma festiva e triunfante. Os poderosos entravam nas cidades montados em cavalos fortes para mostrar poder e força. Jesus é um rei diferente, porque é um rei humilde que entra na cidade montado na simplicidade. Jesus será o grande rei manifestado na cruz, quando entrega a própria vida pela salvação das pessoas. É um rei que serve, diferentemente dos outros reis que preferem ser servidos. Jesus está mais preocupado em salvar, curar e libertar as pessoas do que sentar num trono de ouro e governar um reino ou cidade. O Reino de Deus, do qual Jesus é rei, é muito diferente dos reinados do mundo, pois Jesus quer paz, justiça, vida e felicidade para todos.

O CATECISMO DA IGREJA CATÓLICA N. 559

▶ Para o catequista aprofundar.

559. Jesus escolheu o momento e preparou os pormenores da sua entrada messiânica na cidade de "Davi, seu pai" (Lc 1,32). E é aclamado como filho de David e como aquele que traz a salvação ("Hosana" quer dizer "então salva!", "dá a salvação"). Ora, o "rei da glória" (Sl 24,7-10) entra na "sua cidade", "montado num jumento" (Zc 9,9) [...]. A aclamação deles: "Bendito o que vem em nome do Senhor" (Sl 118,26) é retomada pela Igreja no "Sanctus" da Liturgia Eucarística, a abrir o memorial da Páscoa do Senhor.

TESTEMUNHO

O catequista testemunha a importância de entender realmente quem é Jesus, pois, como o povo que o aclamou em Jerusalém, podemos ter uma ideia que não seja a real sobre o nosso rei e salvador.

Usando a cartolina do início do encontro, o catequista, junto com os catequizandos, escreve, na outra metade da folha, quais são as palavras deste encontro que caracterizam o rei Jesus. Ao final, identificar a grande diferença.

Relacionar essas palavras para entender a expressão "Reino de Deus". Onde Deus é rei, o que é preciso reinar?

ATIVIDADE

- Recordar que no tempo de Jesus as pessoas estenderam seus mantos no chão para formar um tapete por onde Jesus passou. Da mesma forma, o grupo fará um tapete para homenagear Jesus.
- Distribuir um retalho (de papel ou tecido) e canetas coloridas para cada participante.
- Sugerir que cada um escreva no retalho uma ou duas palavras que expressem que tipo de rei é Jesus.
- Ao final, juntam-se todos os retalhos e se forma um tapete ao redor da Mesa da Palavra. Não é preciso colar nem costurar os retalhos para formar o tapete, apenas uni-los no chão. Enquanto se realiza essa atividade, cantar a música.

VIVER O BATISMO É FAZER PARTE DO POVO DE REIS

▶ No livro do catequizando, o que segue está na página 49.

Muitos anos antes de Cristo, o povo de Israel, ao dar posse ao novo rei, não colocava uma coroa na cabeça dele, mas derramava óleo, sinal de que estava preparando para a missão de governar o povo com justiça. Todos tivemos a cabeça ungida com óleo no dia de nosso Batismo. A Igreja recorda, com esse gesto, que somos um povo de reis, reinamos com Cristo para tornar este mundo mais justo, fraterno e pacífico. Somos o povo do rei Jesus que nos faz reis do amor, para viver como ele viveu.

ORAÇÃO FINAL
▶ Na mesa da Palavra.
O catequista convida o grupo a ler o que foi escrito sobre Jesus Cristo no tapete. Em seguida, todos rezam. No livro do catequizando esta oração está na página 49.

Todos: Jesus, rei humilde, aclamado em Jerusalém com mantos e ramos de oliveira, tu és nossa alegria e nosso Deus. Tu sempre és bem-vindo em nossa casa, em nossa família e em nossa vida. Dá-nos força para anunciar ao mundo que tu és o nosso rei que nos conduz nos caminhos da vida. Amém!

PARA O PRÓXIMO ENCONTRO
▶ No livro do catequizando, o que segue está na página 49.

- Todos recebem um ramo verde.
- O catequista sugere que o ramo seja colocado, juntamente com o crucifixo ou quadro de Jesus, na casa de cada catequizando e anexar um cartão com a inscrição: *Jesus é o nosso rei!*
- Ao longo da semana, reunir a família e rezar um Pai-Nosso diante de Jesus.

VAMOS CANTAR: "JESUS ENTRA EM JERUSALÉM"
▶ No CD, faixa 14.
No livro do catequizando, o que segue está na página 49.

*Para acolher Jesus o Mestre
todos cantaram Hosana ao Rei
Estenderam mantos, balançaram palmas
e o aclamaram com exultação*

**/: Hosana ao Rei, hosana ao Rei, hosana ao Rei
esse é o nosso Rei, o Filho de Davi:/**

*Jesus entrou em Jerusalém
num jumentinho e queria mostrar
que era um rei muito diferente
que na cruz morreu para nos salvar*

*Domingo de Ramos
o povo se reúne para celebrar o que aconteceu
Todos trazem ramos, fazem procissões
e cantam hosana na celebração*

15 A ÚLTIMA CEIA
(LUCAS 22,14-20)

PREPARAR

Um único pão para ser partilhado com todos e suco de uva também para partilhar.

ACOLHIDA
▶ Na mesa com cadeiras.

- Recordar os fatos da semana.
- Conferir quem conseguiu, durante a semana, rezar com a família diante de Jesus.

MESA DA PALAVRA
▶ Na mesa da Palavra.

Catequista: Iniciemos nosso encontro mergulhando nossa mão na água e tracemos sobre o nosso peito o sinal da cruz de Jesus que nos salva.

▶ Dar tempo para todos realizarem o rito.

Catequista: Vamos acender a vela, sinal da luz da Palavra de Deus que nos orienta no caminho da vida, cantando:

Ó luz do Senhor, que vem sobre a terra, inunda meu ser, permanece em nós. (2 vezes)

ORAÇÃO INICIAL

Todos: Jesus, tu reuniste teus amigos ao redor da mesa para dar-lhes teu corpo e teu sangue no pão e no vinho. Ajuda-nos a entender o imenso amor que esse gesto nos revela. Fica sempre conosco, Senhor. Amém!

Catequista: Estava se aproximando a Páscoa, uma das maiores festas dos judeus. Jesus sabia que os inimigos tramavam contra sua vida. Por isso, num certo dia, ele reuniu os apóstolos e fez uma ceia especial.

▶ Catequizando lê: Lc 22,14-20. Catequista lê: Lc 22,14-20 e ao final diz:

Catequista: Palavra da Salvação!

Todos: Glória a vós, Senhor!

O QUE A PALAVRA DIZ?

▶ Na mesa com cadeiras.
Todos voltam para a mesa e procuram o texto na Bíblia; em seguida, marcam com caneta ou lápis o trecho de Lc 22,14-20, fazendo uma leitura silenciosa.

Catequista:

a) No texto, onde estão Jesus e os apóstolos?

b) O que estão fazendo?

c) O que Jesus disse sobre a ceia?

d) Neste texto, diferentemente de outros textos da Bíblia, aparece o cálice antes do pão. O que faz Jesus antes de passar o cálice?

e) O que Jesus pegou depois?

f) O que é o pão que Jesus distribui?

g) Por que é preciso fazer isso?

h) O que é o cálice de Jesus?

i) O que lembra a ceia?

j) O que dizia a multidão?

Catequista: Cada um destaca uma palavra, expressão ou frase que chamou sua atenção.

▶ O catequista explica com suas palavras o texto que está abaixo (ou pode ler e comentar o que segue). No livro do catequizando, o que segue está na página 51.

Na missa Jesus nos alimenta com seu corpo e sangue

A última ceia de Jesus com seus discípulos está unida ao sacrifício (morte) de Jesus na cruz. A Igreja repete o gesto até o dia de hoje cada vez que celebra a Eucaristia. Essa realidade da paixão, morte e ressurreição de Jesus acontece na celebração da Eucaristia. Na missa, não se faz apenas uma lembrança, mas se torna presente o sacrifício de Jesus, que se dá em corpo e sangue no pão e no vinho.

Catequese sobre a Eucaristia

Jesus instituiu a Eucaristia durante sua última ceia com os discípulos, na Quinta-Feira Santa. Cada ano, na Quinta-Feira Santa, a Igreja comemora esse gesto de amor que Jesus deixou para nós. Não conseguimos viver sem alimento. Para executar nossas atividades, precisamos da refeição para recuperar as nossas forças. Na vida cristã, também precisamos alimentar-nos para viver com Jesus. Esse alimento é a Eucaristia, que é o próprio corpo e sangue de Jesus. Ele se fez alimento para nós. A Eucaristia nos recorda a morte e ressurreição de Jesus. Por isso, na missa, há a consagração da Eucaristia numa mesa, o altar, lembrando a refeição. E, sempre perto dessa mesa, há uma cruz, para recordar o sacrifício de Jesus. O sacramento da Eucaristia é o momento mais especial da Igreja para alcançarmos uma vida unida a Jesus. Os cristãos devem buscar esse sacramento todos os domingos na missa, a fim de encontrar-se com Jesus, nosso alimento.

O CATECISMO DA IGREJA CATÓLICA N. 1323

▶ Para o catequista aprofundar.

1323. O nosso Salvador instituiu, na última ceia, na noite em que foi entregue, o sacrifício eucarístico do seu corpo e sangue, para perpetuar, no decorrer dos séculos, até voltar, o sacrifício da cruz, confiando à Igreja, sua esposa amada, o memorial da sua morte e ressurreição: sacramento de piedade, sinal de unidade, vínculo de caridade, banquete pascal em que se recebe Cristo, a alma se enche de graça e nos é dado o penhor da glória futura.

TESTEMUNHO

O catequista testemunha a importância de celebrar a Eucaristia todos os domingos. Quando não é possível participar da missa, a comunidade se reúne para a celebração da Palavra. Toda semana, os cristãos se reúnem ao redor de Jesus que fala e alimenta seu povo. É preciso salientar a necessidade de participar da missa todos os domingos (ou sábado à tarde, em algumas comunidades).

ATIVIDADE

Colocar no centro da mesa um pão e uma jarra com suco de uva. Fazer a encenação da passagem do texto bíblico deste encontro. No final, o catequista pergunta: "Como este gesto é repetido na missa?". O catequista precisa esclarecer o que aconteceu com Jesus.

VIVER O BATISMO – O PRIMEIRO SACRAMENTO DO CRISTÃO
▶ No livro do catequizando, o que segue está na página 52.

O Batismo é o primeiro sacramento da vida cristã. Os outros dois são Crisma e Eucaristia. Na catequese, estamos fazendo um caminho: primeiro aprofundamos o sacramento que já recebemos: o Batismo. No próximo ano, nos prepararemos para participar da Comunhão Eucarística e depois seguiremos no caminho para a Crisma. Uma pessoa completa sua iniciação cristã quando percorre esse caminho no qual recebe os três sacramentos: no Batismo somos lavados, na Crisma somos fortalecidos e na Eucaristia somos alimentados. Sempre é obra de Cristo por meio de sua Igreja.

ORAÇÃO FINAL
▶ Na mesa da Palavra.
O catequista convida o grupo a repetir as palavras que mais marcaram o encontro sobre a Eucaristia e, em seguida, todos rezam o que segue.
No livro do catequizando, o que segue está na página 52.

Todos: Jesus, amado do Pai, é grande o mistério de tua presença no pão e no vinho consagrados. É o mistério da fé e do amor. Nós te agradecemos esse presente e pedimos que nos ajudes a participar sempre da Eucaristia, onde tu permaneces entregando-te a nós para que tenhamos mais vida. Nós te agradecemos. Amém!

PARA O PRÓXIMO ENCONTRO
▶ No livro do catequizando, o que segue está na página 53.

Ao participar da missa no próximo final de semana, procure ver quando o padre toma o pão em suas mãos e repete as palavras do Evangelho que lemos hoje e que foram pronunciadas por Jesus na sua última ceia. O mesmo ele faz com o vinho. Ao final, faça um desenho ou descreva com palavras o que você viu na missa durante a consagração do pão e do vinho. Se tiver algum gesto ou palavra que não compreendeu, também registre.

VAMOS CANTAR: "O GRANDE BANQUETE"

▶ No CD, faixa 15.
No livro do catequizando, o que segue está na página 53.

O pão da vida é Jesus/que continua a se entregar / por puro amor
Antes de morrer nosso Jesus quis nos mostrar /
que aquele pão que partilhou / não é mais pão /
é sua presença e comunhão

Eucaristia é corpo e sangue de Jesus /
Eucaristia é banquete de irmãos
Na sua Palavra encontramos nova luz /
na sua presença renovamos o coração.

16 JESUS FOI CRUCIFICADO
(JOÃO 19,25-30)

PREPARAR

Crucifixo e varetas ou pedaços de madeira para fazer uma cruz para cada participante; usar barbante, arame, cola ou pregos para unir as duas hastes. Cartão para escrever a causa da morte de Cristo: INRI.

ACOLHIDA
▶ Na mesa com cadeiras.

- Recordar os fatos da semana.
- Conferir o compromisso de participar de uma missa e anotar ou desenhar os gestos que recordam a última ceia.
- Ver se há dúvidas dos catequizandos sobre o que observaram.

MESA DA PALAVRA
▶ Na mesa da Palavra.

Catequista: Iniciemos nosso encontro mergulhando nossa mão na água e tracemos o sinal da cruz de Jesus que nos salva.
▶ Dar tempo para todos realizarem o rito.

Catequista: Vamos acender a vela, sinal da luz da Palavra de Deus que nos orienta no caminho da vida, cantando:

Tua Palavra é lâmpada para meus pés, Senhor. Lâmpada para meus pés, Senhor. Luz para o meu caminho. (2 vezes)

ORAÇÃO INICIAL

Todos: Senhor Jesus, tu revelaste o caminho do perdão, da partilha e do amor, mas muita gente não o acolheu, preferiu o ódio, a vingança e o egoísmo. Por isso te pregaram numa cruz. Acolhe, hoje, toda a humanidade que precisa tanto de ti e de tua Palavra e faze que este encontro nos aproxime mais de ti, nosso Deus e Senhor. Amém!

Catequista: Jesus passou pelo mundo fazendo o bem, mas nem todos concordaram com ele. Ele falou de partilha, o que desagradou quem só pensava em acumular. Ele falou em amar os inimigos, o que desagradou os violentos. Ele mostrou o valor dos doentes, das mulheres e dos pobres, o que desagradou quem discriminava as pessoas. Ele se mostrou um líder manso, humilde e amado pelo povo, o que desagradou muitos poderosos. Por isso prenderam Jesus e decidiram matá-lo na cruz. A morte de Jesus foi consequência de sua vida.

▶ Catequizando lê: Jo 19,25-30. Catequista lê: Jo 19,25-30 e ao final diz:

Catequista: Palavra da Salvação!

Todos: Glória a vós, Senhor!

O QUE A PALAVRA DIZ?

▶ Na mesa com cadeiras.
Todos voltam para a mesa e procuram o texto na Bíblia; em seguida, marcam com caneta ou lápis o trecho de Jo 19,25-30, fazendo uma leitura silenciosa.

Catequista:

- Quem estava aos pés da cruz?
- O que Jesus disse à mãe?
- O que Jesus disse ao discípulo?
- O que deram para Jesus beber?
- Quais foram as últimas palavras de Jesus?

Catequista: Cada um destaca uma palavra, expressão ou frase que chamou sua atenção.

▶ O catequista explica com suas palavras o texto que está abaixo (ou pode ler e comentar o que segue). No livro do catequizando, o que segue está na página 54.

Jesus morreu por amor

Alguém doaria a própria vida por um amigo? É preciso ter muito amor e coragem para isso. Vimos que Jesus fez isso. Ele sofreu um processo no qual foi condenado à morte injustamente. Ele era inocente, mas foi tido como um malfeitor e, no silêncio, aceitou ser rejeitado até a morte. Não deixou de amar quem o condenou e até perdoou quem o colocou na cruz. Os chefes de Israel o acusaram de agir contra a lei, contra o templo e contra a fé no Deus único de Israel, porque ele dizia ser o Filho de Deus. O Império Romano o acusou de querer ocupar o lugar do imperador.

Catequese sobre a morte na cruz

Durante toda sua vida, Jesus viveu em obediência ao Pai e por isso apontava as infidelidades do povo em relação a Deus, denunciava as injustiças que o povo sofria e convocava todos à conversão. Ele anunciava, com palavras e obras, a Boa-Nova da chegada do Reino de Deus. Tudo isso desafiava os poderes políticos e religiosos estabelecidos na época. Jesus foi condenado pelas autoridades judaicas por "blasfêmia", porque perdoava pecados e agia como se fosse Filho de Deus, chamando-o de "papai": *Abbá*. Mas a crucifixão de Jesus foi decretada pelo poder romano, como pena por agitar o povo e perturbar a ordem pública. Foi considerado um agitador, um perigo ao Império, por ter sido aclamado pelo povo como rei. Decidiram crucificar o "Rei dos Judeus". A crucificação era a pena que se aplicava àqueles que se revoltavam contra a ordem social e política do Império Romano.

O CATECISMO DA IGREJA CATÓLICA NN. 620 A 622

▶ Para o catequista aprofundar.

620. A nossa salvação procede da iniciativa amorosa de Deus em nosso favor, pois "foi ele que nos amou e enviou o seu Filho como vítima de propiciação pelos nossos pecados" (1Jo 4,10). "Foi Deus que, em Cristo, reconciliou consigo o mundo" (2Cor 5,19).

621. Jesus ofereceu-se livremente para nossa salvação. Esse dom significa-o e o realiza de antemão, durante a Última Ceia: "Isto é o meu Corpo, que vai ser entregue por vós" (Lc 22,19).

622. Nisto consiste a redenção de Cristo: Ele "veio dar a sua vida em resgate pela multidão" (Mt 20,28), quer dizer, veio "amar os seus até ao fim" (Jo 13,1), para que fossem libertos da má conduta herdada dos seus pais.

TESTEMUNHO

O catequista testemunha o amor de Cristo que se revela na cruz. Pode, também, relatar algum fato no qual alguém, diante da cruz de Jesus, transformou a dor em amor. O testemunho não pode se deter na ideia do enfrentamento da dor, mas do amor que brota mesmo nos momentos em que se vive a dor. É o amor-doação que salva, e não a dor.

ATIVIDADE

Olhando para o crucifixo que está na mesa, vamos perceber que há duas partes na cruz: uma horizontal e outra vertical. A vertical recorda a união do ser humano com Deus. A horizontal indica que é preciso estender os braços para ajudar quem está ao nosso redor. Usando o material que temos, cada um fará uma cruz, sinal do nosso compromisso de amar Deus sobre todas as coisas e o próximo como Jesus amou. No centro da cruz, vamos escrever a causa da morte de Cristo, INRI, que é abreviação em latim de *Iesus Nazarenus, Rex Iudaeorum* [Jesus Nazareno, rei dos Judeus].

VIVER O BATISMO – SANGUE E ÁGUA DA CRUZ

▶ No livro do catequizando, o que segue está na página 55.

Catequista: Antes de tirar o corpo de Jesus da cruz, os soldados feriram seu lado direito, furando-lhe o peito. A Bíblia diz que do seu lado aberto jorrou sangue e água. A Igreja viu nesse sinal dois sacramentos: sangue da Eucaristia e água do Batismo. Provavelmente o sangue saiu do coração, perfurado pela lança, e a água saiu dos pulmões, também perfurados. Mas o sentido da Eucaristia e do Batismo nos ajuda a perceber que Cristo se deu todo a nós por amor. Na bênção da água do Batismo, há algumas frases que recordam isso.

Todos: Vosso Filho, ao ser batizado nas águas do Jordão, foi ungido pelo Espírito Santo. Pendente da cruz, do seu coração aberto pela lança fez correr sangue e água. Após sua ressurreição, ordenou aos apóstolos: "Ide, fazei todos os povos discípulos meus, batizando-os em nome do Pai, do Filho e do Espírito Santo".

ORAÇÃO FINAL
▶ Na mesa da Palavra.
O catequista convida o grupo a ter nas mãos a cruz que cada um confeccionou e, com orações espontâneas, cada catequizando diz uma palavra que representa a cruz. Em seguida, todos rezam.
No livro do catequizando, o que segue está na página 55.

Todos: Jesus, tu disseste: "Prova de amor maior não há do que dar a vida pelos irmãos". Na cruz tu morreste por amor, mas pela Páscoa tu ressuscitaste e vives entre nós. Ajuda-nos a não ter medo de falar e de viver do amor que tua cruz representa. Amém!

PARA O PRÓXIMO ENCONTRO
▶ No livro do catequizando, o que segue está na página 55.

- Perguntar para duas pessoas de sua família:
    - Por que Jesus morreu?
    - Por que ele foi crucificado?
- Anotar as respostas.
- Em seguida, mostrar a cruz feita no encontro e conversar com familiares e amigos sobre a morte de Jesus e o significado das duas hastes: vertical (une Deus e os seres humanos: céu e terra) e horizontal (une os irmãos entre si).
- Explicar também o que significa o INRI no alto da cruz.

VAMOS CANTAR: "A CRUZ"
▶ No CD, faixa 16.
No livro do catequizando, o que segue está na página 56.

Aquela cruz, aquele olhar do meu Jesus
aquela dor a nos dizer o que é o amor
Carregando a cruz subiu o monte meu Jesus
e o crucificaram lá no alto com ladrões

Jesus de Nazaré, Rei dos Judeus
puseram inscrito no letreiro
na cabeça de sua cruz

/: Este Jesus, daquela cruz
é o Salvador, da humanidade, é o Senhor:/

17 JESUS RESSUSCITOU
(LUCAS 24,13-33)

PREPARAR
Material para encenar o relato de Emaús.

ACOLHIDA
▶ Na mesa com cadeiras.

- Recordar os fatos da semana.
- Conferir a pesquisa com os familiares sobre o significado da morte de Cristo.
- Verificar se as pessoas realmente conhecem a causa da morte de Jesus.
- Informar os catequizandos que neste encontro será refletido sobre o que ocorreu após a morte de Jesus na cruz.

MESA DA PALAVRA
▶ Na mesa da Palavra.

Catequista: Iniciemos nosso encontro mergulhando nossa mão na água que recorda o nosso Batismo.

▶ Dar tempo para todos realizarem o rito.

Catequista: Vamos acender a vela, sinal da vida nova que Cristo nos traz com sua ressurreição, cantando:

O Ressuscitado vive entre nós. Amém, Aleluia! (2 vezes)

ORAÇÃO INICIAL
Todos: Jesus, tu caminhas conosco nas estradas da vida. Pedimos que sempre abras os nossos olhos e faças o nosso coração arder quando lermos teu Evangelho. Ensina-nos o caminho a seguir. Amém!

Catequista: Depois de terem visto a morte de Jesus na cruz, muito dos seus seguidores saíram da cidade de Jerusalém, onde tudo acontecera. Estavam todos decepcionados e muito tristes. Mas, na estrada, dois deles tiveram uma surpresa.

▶ Catequizando lê: Lc 24,13-33. Catequista lê: Lc 24,13-33 e ao final diz:

Catequista: Palavra da Salvação!

Todos: Glória a vós, Senhor!

O QUE A PALAVRA DIZ?

▶ Na mesa com cadeiras.
Todos voltam para a mesa e procuram o texto na Bíblia; em seguida, marcam com caneta ou lápis o trecho de Lc 24,13-33, fazendo uma leitura silenciosa.

Catequista:

a) Para onde caminhavam os dois discípulos?

b) Sobre o que conversavam?

c) Quem se aproximou deles e o que perguntou?

d) O que responderam?

e) Como Jesus chamou a atenção deles?

f) O que Jesus foi explicando para eles ao longo do caminho?

g) Quando chegaram ao povoado, o que fez Jesus?

h) O que eles pediram?

i) O que fez Jesus na mesa?

j) O que aconteceu com Jesus depois?

k) O que disse um discípulo ao outro?

l) O que fizeram depois?

Catequista: Cada um destaca uma palavra, expressão ou frase que chamou sua atenção.

▶ O catequista explica com suas palavras o texto que está abaixo (ou pode ler e comentar o que segue). No livro do catequizando, o que segue está na página 57.

Jesus ressuscitou

Na morte de Jesus tudo parecia acabado. Mas a tristeza dos discípulos foi passageira, porque Jesus ressuscitou dos mortos e apareceu vivo aos discípulos. Ele não se apresentou como um fantasma ou um espírito de morto que aparece. Por isso ele caminhou, conversou com as pessoas e fez refeição com elas. A ressurreição é a vida que vence a morte. Jesus revela que há vida em Deus após a morte. É uma vida plena, que não somos capazes de imaginar como será, mas Jesus garantiu essa vida eterna para seus seguidores.

Catequese sobre a ressurreição

Após a morte de Jesus, seu túmulo ficou vazio, e seus seguidores anunciaram que ele ressuscitou dos mortos, pois apareceu para eles. Acreditar no testemunho de pessoas que viram Jesus ressuscitado e transmitiram para as outras gerações é o fato que sustenta a nossa fé. Nós recebemos o testemunho daqueles que tiveram a sorte de conviver com Jesus, sofreram ao ver sua morte na cruz, mas testemunharam com sua vida que ele está vivo. Sim, muitos seguidores de Jesus foram assassinados por noticiar a ressurreição do Crucificado. Para quem viu o Senhor Vivo, era melhor morrer do que negar a evidência. Nossa fé sustenta-se no verdadeiro testemunho daquelas pessoas que viram Jesus.

O CATECISMO DA IGREJA CATÓLICA N. 645

▶ Para o catequista aprofundar.

645. Jesus Ressuscitado estabeleceu, com os seus discípulos, relações diretas, através do contato físico e da participação em refeição. Desse modo, convida-os a reconhecer que ele não é um espírito e, sobretudo, a verificar que o corpo ressuscitado, com o qual se lhes apresenta, é o mesmo que foi torturado e crucificado, pois traz ainda os vestígios da paixão. No entanto, esse corpo autêntico e real possui, ao mesmo tempo, as propriedades novas de um corpo glorioso: não está situado no espaço e no tempo, mas pode, livremente, tornar-se presente onde e quando quer, porque a sua humanidade já não pode ser retida sobre a terra, pois que já pertence exclusivamente ao domínio divino do Pai. Também por esse motivo, Jesus Ressuscitado é soberanamente livre para aparecer como quer: sob a aparência de um jardineiro ou "com um aspecto diferente" (Mc 16,12) daquele que era familiar aos discípulos; e isso, precisamente, para lhes despertar a fé.

TESTEMUNHO

O catequista testemunha o significado da ressurreição de Cristo que renova a vida. Distingue a ressurreição da aparição de fantasmas (que não existem) e insiste que crer na ressurreição transforma a vida atual, pois dá um novo sentido aos desafios de cada dia. Há uma esperança certa.

ATIVIDADE

- Dividir a turma em dois grupos e pedir que preparem a encenação do relato de Emaús.
- Um grupo pode encenar com mímica enquanto alguém lê a passagem bíblica.
- Outro grupo pode encenar a música deste encontro com mímicas.
- Se houver um terceiro grupo, pode-se sugerir que as crianças criem seu próprio texto e atualizem a mensagem de Emaús.

Em seguida perguntar: O que significa a expressão dos discípulos: "Ele explicava as Escrituras"?

Uma nova etapa do caminho

▶ No livro do catequizando, o que segue está na página 57.

Explicar:

Catequista: Vimos que Jesus explicou as Escrituras para os dois discípulos no caminho de Emaús. Ele mostrou como todo o Antigo Testamento prometia a chegada de um grande salvador do povo. Esse salvador esperado era chamado de Messias. Jesus mostra aos dois viajantes que o esperado é ele mesmo, que, apesar da cruz, está vivo.

A partir do próximo encontro, vamos refletir sobre alguns textos do Antigo Testamento, desde Abraão até os profetas. Veremos, então, o que veio antes de Jesus e como Deus encaminhou as pessoas e os fatos para a chegada de Jesus.

Ouviremos diversos relatos de homens e mulheres que viveram antes de Jesus e participaram do que chamamos de "história da salvação", isto é, veremos como Deus conduziu os caminhos da salvação e da paz até chegar Jesus.

VIVER O BATISMO É PARTICIPAR DA MISSA
▶ No livro do catequizando, o que segue está na página 58.

Os viajantes de Emaús mudaram de vida depois que se encontraram com Jesus vivo. Deixaram a tristeza, voltaram para Jerusalém, animaram-se e ficaram com o coração cheio de alegria. Eles correram para avisar os outros sobre o que tinha acontecido.

O caminho de Emaús ocorre especialmente quando celebramos a Eucaristia, quando vamos à missa. Em cada domingo, participamos desse encontro.

E você, tem participado todos os domingos da missa? Ajude sua família a participar todos os domingos desse encontro com Jesus que nos fala e nos alimenta.

ORAÇÃO FINAL
▶ Na mesa da Palavra.
O catequista convida o grupo a repetir uma palavra, expressão ou frase que recorda Jesus Ressuscitado, conforme foi refletido no encontro sobre a ressurreição, e, em seguida, todos rezam.
No livro do catequizando, o que segue está na página 58.

Todos: Senhor Jesus, foste ao encontro daqueles discípulos que caminhavam tristes e desanimados. Tu estás muito perto de nós, sempre pronto a nos animar, sempre disposto a mostrar que nunca caminhamos sozinhos. Por isso, mais uma vez, te pedimos: fica conosco, Senhor! Amém!

PARA O PRÓXIMO ENCONTRO
▶ No livro do catequizando, o que segue está na página 58.

- Perguntar para duas pessoas de sua família:
  - O que você entende por ressurreição?
- Anotar as respostas.

VAMOS CANTAR: "FICA CONOSCO"

▶ No CD, faixa 17.
No livro do catequizando, o que segue está na página 59.

Desolados andavam dois pelo caminho
e falavam da cruz, da morte e da paixão
Mergulhados na solidão
de não ter mais o seu Senhor
Que estrada tão difícil
se apresentava pra trilhar

**/: Fica conosco, meu Senhor
já é tarde, o dia já vai
Fica conosco, meu Senhor
e então teremos paz:/**

Um estranho aparece e se põe a andar com eles
Não reconhecem /nem sabem ao certo de onde vem
E a pergunta que ele faz / os surpreende ainda mais
Você é o único estrangeiro / que não sabe o que aconteceu?

O coração dos dois se aquece a cada passo
quando atentos escutam tudo o que Ele diz
Ao chegarem a Emaús / já correndo vão voltar
Pois, ao repartir o pão / viram que Ele era o salvador

18 ABRAÃO: HOMEM DE FÉ
(GÊNESIS 12,1-3)

PREPARAR

Um vaso, areia, um galho de árvore, pedaços de papel e canetas coloridas.

ACOLHIDA
▶ Na mesa com cadeiras.

- Recordar os fatos da semana.
- Conferir a pesquisa com os familiares sobre o significado da ressurreição.
- Verificar que as respostas podem ser diferentes, porque nem todos tiveram catequese sobre a ressurreição. Somente o Evangelho nos faz compreender o que aconteceu com Jesus e o que vai acontecer com as pessoas depois da morte. Cada um tem sua opinião, mas o cristão segue o que Jesus nos contou na Palavra.
- Recordar que, a partir deste encontro, vamos aprofundar o conhecimento sobre as Escrituras do Antigo Testamento, isto é, o que aconteceu antes de Jesus vir ao mundo e que preparou sua chegada.

MESA DA PALAVRA
▶ Na mesa da Palavra.

Catequista: Iniciemos nosso encontro mergulhando nossa mão na água que recorda o nosso Batismo.

▶ Dar tempo para todos realizarem o rito.

Catequista: Vamos acender a vela, símbolo da nossa fé que ilumina nossos dias, cantando:

Tua Palavra é lâmpada para meus pés, Senhor. Lâmpada para meus pés, Senhor. Luz para o meu caminho. (2 vezes)

ORAÇÃO INICIAL

Todos: Pai Santo, nosso Deus! Que, ao ouvirmos falar de Abraão, possamos aumentar a nossa fé em ti, o único Deus. E que saibamos viver confiando nas tuas promessas, como fez Abraão. Amém!

Catequista: Muitos anos antes de Cristo, todo casal devia ter filhos, especialmente filhos homens. Hoje vamos conhecer Abraão e Sara. Esse casal não tinha filhos e, um dia, Deus prometeu que Abraão seria pai de um grande povo: tão grande como a quantidade de estrelas no céu e os grãos de areia na praia, isto é, seria muito difícil de contar. Abraão não entendeu, mas confiou em Deus e esperou a realização das promessas.

▶ Catequizando lê: Gn 12,1-3. Catequista lê: Gn 12,1-3 e ao final diz:

Catequista: Palavra do Senhor!

Todos: Graças a Deus!

O QUE A PALAVRA DIZ?

▶ Na mesa com cadeiras.
Todos voltam para a mesa e procuram o texto na Bíblia; em seguida, marcam com caneta ou lápis o trecho de Gn 12,1-3, fazendo uma leitura silenciosa.

Catequista:

a) O que Deus pediu a Abraão?

b) Para onde ele deveria ir?

c) O que Deus prometeu a Abraão?

d) O que aconteceria com as famílias da terra a partir de Abraão?

Catequista: Cada um destaca uma palavra, expressão ou frase que chamou sua atenção.

▶ O catequista explica com suas palavras o texto que está abaixo (ou pode ler e comentar o que segue). No livro do catequizando, o que segue está na página 61.

A família de Abraão

Abraão vivia numa cidade chamada Ur (atual Iraque). No tempo dele, as pessoas adoravam vários deuses, faziam até sacrifício de pessoas para agradar as divindades. Mas Abraão era diferente: adorava o único Deus que existe e fez o céu e a terra. Um dia, o Senhor se manifestou a Abraão. Disse-lhe para sair da sua terra, deixar sua família e ir para um lugar que ele lhe mostraria. Além disso, Deus lhe fez uma promessa: Abraão formaria um grande povo. Abraão partiu e, depois de muito caminhar, parou na terra de Canaã (atual Israel). Sara, sua esposa, já estava com idade avançada, mas, mesmo assim, teve um filho chamado Isaac. Esse, por sua vez, teve dois filhos: Esaú e Jacó. Jacó teve doze filhos e uma filha. E esses também tiveram filhos e filhas e, assim, começou a história do povo iniciado por Abraão.

Catequese sobre a fé no Deus único

Abraão acreditou que existia um só Deus. Por isso ele é chamado de "Pai da fé", pai de uma multidão de filhos que crê num Deus único. A partir de Abraão, Deus começou a formar um povo escolhido. Esse povo foi preparado para receber a visita do seu Filho Jesus. Tudo começou com Abraão, que acreditou, teve fé e confiou nas promessas de Deus. Crer no Deus único de Abraão significa crer em todas as suas verdades, nos acontecimentos e nas palavras que Deus foi mostrando para que esse povo conhecesse sua vontade e sentisse seu amor.

O CATECISMO DA IGREJA CATÓLICA NN. 145-146

▶ Para o catequista aprofundar.

145. "Pela fé, Abraão obedeceu ao chamamento de Deus e partiu para uma terra que viria a receber como herança: partiu, sem saber para onde ia" (Hb 11,8). Pela fé, viveu como estrangeiro e peregrino na terra prometida. Pela fé, Sara recebeu a graça de conceber o filho da promessa. Pela fé, finalmente, Abraão ofereceu em sacrifício o seu filho único.

146. Abraão realiza, assim, a definição da fé dada pela Epístola aos Hebreus: "A fé constitui a garantia dos bens que se esperam, e a prova de que existem as coisas que não se veem" (Hb 11,1). "Abraão acreditou em Deus, e isto lhe foi atribuído como justiça" (Rm 4,3). "Fortalecido" por essa fé (Rm 4,20), Abraão tornou-se o "Pai de todos os crentes" (Rm 4,11.18).

TESTEMUNHO

O catequista testemunha sua fé no Deus único. Demonstra que as pessoas têm diversas ideias sobre Deus, algumas acreditam que existem várias divindades, mas o cristão acredita, como Abraão, num único Deus que é Pai de Jesus. Aqui o catequista poderá analisar a imagem de Deus que a criança tem e, aos poucos, expressar a fé no Deus verdadeiro.

ATIVIDADE

Vamos fazer a árvore da família de Abraão. O objetivo dessa atividade é perceber como a família de Abraão cresceu conforme a promessa de Deus.

- Colocar o galho no vaso.
- Ao encher de areia o vaso, perguntar aos catequizandos o que a areia lembra na história de Abraão.
- No tronco, colar um papel em que estará escrito "Abraão e Sara".
- Num galho, colar um papel em que estará escrito "Isaac e Rebeca" (filho e nora de Abraão).
- No próximo encontro, continuaremos a fazer a árvore.

VIVER O BATISMO – TER FÉ É CONFIAR

▶ No livro do catequizando, o que segue está na página 61.

Quando você foi batizado, era um bebê. Uma criança ainda não tem fé, mas ela pode recebê-la. A fé nos é dada por Deus, e isso exige uma resposta de nossa parte. Por isso reconhecemos Deus como Criador e Pai, como fez Abraão. Sabemos que Deus nos deu a vida aqui na terra através dos nossos pais, e que o Batismo nos faz participantes da vida em Deus, através de Jesus. No Batismo, ganhamos as sementes de uma nova vida, que será vida para sempre no céu. Ter fé é esperar e confiar nas promessas que Deus faz, como fez com Abraão.

ORAÇÃO FINAL

▶ Na mesa da Palavra.
O catequista pede que cada catequizando recorde o nome de uma pessoa que ele conhece e que demonstre ter muita fé, que serve de exemplo, e convida todos a rezarem por estas pessoas.
No livro do catequizando, o que segue está na página 61.

Todos: Senhor, nosso Deus, como Abraão, nós também queremos ser fiéis a ti. Agradecemos por nos ter escolhido para sermos teu povo. Faze-nos sensíveis aos teus sinais e obedientes à tua vontade. Assim como fizeste a Abraão e à sua família, abençoa todos nós. Amém!

PARA O PRÓXIMO ENCONTRO

▶ No livro do catequizando, o que segue está na página 61.

Em casa, fazer ou desenhar a árvore da sua família, ou seja, colocar os nomes dos seus bisavós maternos e paternos, dos seus e avós maternos e paternos, da sua mãe e do seu pai, o seu próprio nome e o dos seus irmãos. Conversar com sua família sobre a árvore de Abraão, nosso pai na fé. Mostrar que somos parte de uma grande família iniciada por Abraão: aqueles que acreditam num único Deus.

VAMOS CANTAR: "ABRAÃO"

▶ No CD, faixa 18.
No livro do catequizando, o que segue está na página 62.

Sai de tua terra, que eu te enviarei / vá onde eu mostrar, te abençoarei

Farei de ti uma grande nação. / Serás o Pai da fé/serás uma bênção

/: Abençoarei os que te abençoarem Todas as famílias em ti reunirei:/.

19 JACÓ: PAI DE DOZE FILHOS
(GÊNESIS 25,29-34)

PREPARAR

A árvore elaborada no encontro passado, papéis e canetas coloridas.

ACOLHIDA

▶ Na mesa com cadeiras.

- Recordar os fatos da semana.
- Conferir a árvore da família dos catequizandos.
- Deixar que cada criança apresente sua família ao grupo.

MESA DA PALAVRA

▶ Na mesa da Palavra.

Catequista: Iniciemos nosso encontro mergulhando nossa mão na água que recorda o nosso Batismo.

▶ Dar tempo para todos realizarem o rito.

Catequista: Vamos acender a vela, símbolo da nossa fé que ilumina nossos dias, cantando:

Tua Palavra é lâmpada para meus pés, Senhor. Lâmpada para meus pés, Senhor. Luz para o meu caminho. (2 vezes)

ORAÇÃO INICIAL

Todos: Pai santo, em nossa vida, há dias bons e há dias ruins. Jacó, teu amigo, enfrentou muitas dificuldades, mas tua presença sustentou sua caminhada. Agradecemos porque tu também estás sempre conosco. Amém!

Catequista: Jacó era filho de Isaac e neto de Abraão. Ele tinha um irmão gêmeo chamado Esaú. O irmão de Jacó tinha sido o primeiro a nascer, e, naquela época, ser o filho mais velho era muito importante. Na falta do pai, o mais velho seria o chefe da família, receberia a maior parte da herança e também as bênçãos paternas. Certo dia, Jacó estava comendo um prato de lentilhas quando Esaú se aproximou, dizendo estar morrendo de fome. Ele pediu a comida de Jacó, mas este, porém, sugeriu a troca do prato de lentilhas pelos direitos que tinha como filho mais velho. Esaú concordou, jurando fazer a troca.

▶ Catequizando lê: Gn 25,29-34. Catequista lê: Gn 25,29-34 e ao final diz:

Catequista: Palavra do Senhor!

Todos: Graças a Deus!

O QUE A PALAVRA DIZ?

▶ Na mesa com cadeiras.
Todos voltam para a mesa e procuram o texto na Bíblia; em seguida, marcam com caneta ou lápis o trecho de Gn 25,29-34, fazendo uma leitura silenciosa.

Catequista:

a) O que Jacó estava fazendo?

b) De onde veio Esaú e como chegou?

c) O que Esaú pediu?

d) O que Jacó respondeu?

e) Como respondeu Esaú?

f) O que Jacó exigiu de Esaú?

g) Quando Esaú jurou, o que fez Jacó?

Catequista: Cada um destaca uma palavra, expressão ou frase que chamou sua atenção.

▶ O catequista explica com suas palavras o texto que está abaixo (ou pode ler e comentar o que segue). No livro do catequizando, o que segue está na página 63.

A história de Jacó

Anos depois de Esaú dar a Jacó o direito de ser o herdeiro de tudo, aconteceu que o pai deles, Isaac, estava velho e doente. Isaac, então, chamou Esaú para dar-lhe a bênção e transmitir-lhe a responsabilidade de chefe da família. Isaac não sabia da troca que os irmãos tinham feito, mas Rebeca, mãe deles, sabia de tudo. Enquanto Esaú saiu para caçar, Rebeca ajudou Jacó a vestir as roupas do irmão e se fazer passar por Esaú. O pai, que estava quase cego, não percebeu nada e abençoou Jacó. Esaú havia se arrependido da troca do direito por aquele prato de lentilhas e, quando soube que Jacó havia recebido a bênção do pai, ficou furioso, porque fora enganado.

Jacó precisou fugir de sua terra e deixar seu pai e sua mãe. Durante a viagem, dormiu e sonhou. No sonho, Jacó viu uma grande escada que alcançava o céu. Havia anjos subindo e descendo pela escada, e, do alto, Deus dizia: "Eu sou o Senhor, Deus de Abraão e de Isaac. A terra sobre a qual estás deitado, eu vou dar a ti e a tua família, e será tão numerosa como a poeira do chão". Jacó prosseguiu sua viagem e chegou à casa de seu tio Labão, onde trabalhou como pastor de ovelhas. Depois de algum tempo, casou-se com Raquel, filha de Labão.

Passaram-se anos e Jacó decidiu voltar para sua terra natal. Sabia, porém, que tinha de enfrentar Esaú, e isso o angustiava. Jacó sempre foi valente e destemido, só que agora precisava recorrer a Deus. Na viagem, durante a noite, Jacó sonhou que estava lutando com um anjo. Durante a luta, ocorreu uma mudança no coração de Jacó: o anjo, então, mudou seu nome para "Israel", que significa "aquele que lutou com Deus". Este viria a ser, mais tarde, o nome de um país que existe hoje: Israel. Foi lá que Jesus nasceu.

Quando Jacó, que agora se chamava Israel, voltou para sua terra, foi perdoado por Esaú num reencontro muito emocionante. Israel ficou por lá e teve doze filhos. Cada filho formou uma tribo. As doze tribos reunidas formaram o povo de Israel, o povo de Deus.

Catequese sobre a aliança

Jacó, filho de Isaac e neto de Abraão, herdou a promessa de Deus de estar sempre com o povo eleito. Os doze filhos de Jacó formaram as doze tribos do povo de Israel. Quando o povo de Israel queria recordar o início da sua fé, falavam do Deus de Abraão, Isaac e Jacó, que prometeu fidelidade. A primeira Aliança (pacto) foi feita com esse povo. A nova Aliança, o pacto de amor que vale até hoje, Deus fez com a vinda de Jesus, que era judeu, mas que estendeu a promessa de amor a todos os povos, tribos e etnias.

O CATECISMO DA IGREJA CATÓLICA NN. 60 E 61
▶ Para o catequista aprofundar.

60. O povo descendente de Abraão será o depositário da promessa feita aos patriarcas, o povo eleito, chamado a preparar a reunião, um dia, de todos os filhos de Deus na unidade da Igreja. Será o tronco em que serão enxertados os pagãos tornados crentes.

61. Os patriarcas, os profetas e outras personagens do Antigo Testamento foram, e serão sempre, venerados como santos em todas as tradições litúrgicas da Igreja.

TESTEMUNHO

O catequista testemunha o amor de Deus que é sempre fiel, manifestando sua Aliança de amor. Deus renova diariamente, em cada pessoa, a sua promessa feita a Abraão, estendida a Isaac e a Jacó. Somos herdeiros dessa Aliança, porém, em Cristo temos uma Aliança mais perfeita, pois o amor de Cristo se estendeu a toda a humanidade.

ATIVIDADE

Hoje completaremos a árvore de Abraão. Em cada galho penduraremos uma folha que vamos desenhar e cortar, colocando o nome de cada um dos doze filhos de Jacó.
▶ Cada criança recebe papel e caneta e desenha em uma das folhas.

Os nomes dos doze filhos são: Rúben, Simeão, Levi, Judá, Isaacar, Zabulon, José, Benjamim, Dã, Neftali, Gad e Aser.

VIVER O BATISMO É PERTENCER À FAMÍLIA DE CRISTO
▶ No livro do catequizando, o que segue está na página 64.

Jacó formou uma grande família. Nós somos a família de Cristo, o povo de Cristo. A Igreja é a comunidade dos seguidores de Jesus. Quando fomos batizados, entramos para esta família de Jesus. Se alguém mudar de cidade ou de país, poderá encontrar sempre uma igreja, onde os seguidores de Jesus, os batizados daquela região, se reúnem. É muito importante reunir-se na igreja aos domingos para um encontro com a família de Cristo.

ORAÇÃO FINAL
▶ Na mesa da Palavra.
O catequista pede ao catequizando que profira o nome dos membros de sua família, para rezar por todos, a exemplo da família de Jacó que se tornou uma grande nação.
No livro do catequizando, o que segue está na página 64.

Todos: Senhor Jesus, os filhos de Jacó formaram uma grande família unidos na fé em ti. Que nós também sejamos fortalecidos na fé e na prática de teus ensinamentos. Que tua Palavra nos reúna sempre como Igreja, tua família. Amém!

PARA O PRÓXIMO ENCONTRO
▶ No livro do catequizando, o que segue está na página 65.

Vimos que Jacó mudou o nome para Israel. Em casa, conversar com sua família, procurando saber o motivo da escolha de seu nome e o significado dele. Anotar por escrito para partilhar com o grupo no próximo encontro.

VAMOS CANTAR: "JACÓ"
▶ No CD, faixa 19.
No livro do catequizando, o que segue está na página 65.

Jacó teve doze filhos e era neto de Abraão
Também eram doze as tribos que buscavam libertação

O povo de Deus dali se formou
A nação santa de Israel
Mesmo quando o povo vacilou
Na aliança Deus sempre foi fiel

Nós somos a Igreja, o povo de Deus
Batizados, herdeiros do amor
O Israel continua vivo em nós
Vamos vivendo desta herança do Senhor

20 JOSÉ: O IRMÃO VENDIDO
(GÊNESIS 37,18-28)

PREPARAR

Algumas moedas e um pequeno cartaz com a palavra *Vida*. Pequenos cartões e canetas.

ACOLHIDA
▶ Na mesa com cadeiras.

- Recordar os fatos da semana.
- Ver o significado e a história do nome de cada catequizando.

MESA DA PALAVRA
▶ Na mesa da Palavra.

Catequista: Iniciemos nosso encontro mergulhando nossa mão na água que recorda o nosso Batismo.
▶ Dar tempo para todos realizarem o rito.

Catequista: Vamos acender a vela, símbolo da nossa fé que ilumina nossos dias, cantando:
Tua Palavra é lâmpada para meus pés, Senhor. Lâmpada para meus pés, Senhor. Luz para o meu caminho. (2 vezes)

ORAÇÃO INICIAL

Todos: Pai de bondade, tu cuidaste de José, vendido pelos próprios irmãos como escravo para o Egito. Mostra-nos como tua presença nunca nos abandona e como até nas horas mais difíceis podemos perceber teu carinho. Amém!

Catequista: José era o décimo primeiro filho de Jacó. Ele nasceu quando seu pai já era idoso. Jacó tinha um carinho especial pelo filho, que até lhe tinha dado de presente uma roupa nova: uma túnica de muitas cores. José costumava contar os sonhos que tinha durante a noite ao pai e aos irmãos. A atenção que ele recebia do pai despertou o ciúme dos irmãos, que resolveram dar um jeito nele.

▶ Catequizando lê: Gn 37,18-28. Catequista lê: Gn 37,18-28 e ao final diz:

Catequista: Palavra do Senhor!

Todos: Graças a Deus!

O QUE A PALAVRA DIZ?

▶ Na mesa com cadeiras.
Todos voltam para a mesa e procuram o texto na Bíblia; em seguida, marcam com caneta ou lápis o trecho de Gn 37,18-28, fazendo uma leitura silenciosa.

Catequista:

a) O que fazia José?

b) O que os irmãos disseram ao ver que José se aproximava?

c) Queriam matá-lo e jogá-lo onde? (Cisterna é um reservatório para água da chuva, uma espécie de poço.)

d) Qual foi a ideia de Rúben?

e) Por que ele não queria matar José?

f) O que fizeram, então, os irmãos de José?

g) O que apareceu entre eles? (Uma caravana de israelitas, que eram viajantes comerciantes.)

h) O que sugeriu Judá?

i) Por quanto venderam José?

j) Para onde levaram José?

Catequista: Cada um destaca uma palavra, expressão ou frase que chamou sua atenção.

▶ O catequista explica com suas palavras o texto que está abaixo (ou pode ler e comentar o que segue). No livro do catequizando, o que segue está na página 66.

A história de José no Egito

Venderam José como escravo a uns viajantes que estavam passando e disseram ao pai que o irmão tinha morrido. E foi assim que José acabou indo parar no Egito. Quem mandava no Egito era o faraó. Lá, José era um escravo, mas logo ficou conhecido por sua inteligência. José foi a única pessoa que conseguiu decifrar o significado de um sonho do faraó, por isso agradou o rei.

Enquanto isso, na terra onde viviam o pai e os irmãos de José, houve uma grande seca e muita fome. Jacó e seus filhos tiveram de sair em busca de alimentos. Foram para o Egito e lá encontraram José, que havia se tornado vice-rei do Egito. Quando José viu sua família, eles não o reconheceram no cargo que ocupava. José poderia ter usado o poder que tinha, aos olhos do faraó, para pagar na mesma moeda aqueles que o venderam como escravo. Mas José não quis vingar-se. Preferiu perdoar e acolher a família com todo amor e carinho.

Daquele momento em diante, todos ficaram morando no Egito. Tiveram muitos filhos, mas nunca se misturaram realmente com o povo egípcio. Nunca perderam seus costumes, seu idioma e, sobretudo, o seu amor pelo Deus de Abraão, de Isaac e de Jacó. Todas essas histórias você pode encontrar no livro do Gênesis, do capítulo 37 ao capítulo 50.

Catequese sobre o perdão

Na história de José no Egito, temos um grande exemplo de alguém que soube perdoar aqueles que o prejudicaram. O perdão refaz a união entre as pessoas. Na vida, podemos cometer atos que magoam os outros, causando tristeza e divisão. Isso ocorre quando nos deixamos levar por sentimentos ruins. O ciúme dos irmãos de José causou uma separação naquela família. O perdão de José uniu a família e trouxe paz para todos. A lembrança de fatos tristes continua, mas o perdão faz as pessoas se reaproximarem. O perdão dá uma nova chance para outra pessoa.

O CATECISMO DA IGREJA CATÓLICA N. 63

▶ Para o catequista aprofundar.

63. Israel é o povo sacerdotal de Deus, sobre o qual "foi invocado o Nome do Senhor" (Dt 28,10). É o povo daqueles "a quem Deus falou em primeiro lugar", o povo dos "irmãos mais velhos" na fé de Abraão.

TESTEMUNHO

O catequista testemunha o significado do perdão em sua vida, especialmente destaca a necessidade de reconhecer que esse gesto não é uma fraqueza, mas a força de quem paga o mal com o bem.

ATIVIDADE

- Colocar sobre a mesa algumas moedas e o cartaz com a palavra *Vida*. Distribuir dois cartões para os catequizandos e pedir que escrevam coisas que o dinheiro compra e coisas que o dinheiro não compra.
- Depois, juntar todos os cartões e embaralhar. Cada participante retira um cartão, lê e procura dizer por que o dinheiro pode, ou não, comprar aquilo que está escrito.

VIVER O BATISMO É SE REVESTIR DE CRISTO

▶ No livro do catequizando, o que segue está na página 67.

José era o filho preferido de Jacó, e, para mostrar esse carinho, Jacó deu-lhe de presente uma roupa bonita: uma túnica colorida.

Os batizados também são filhos muito amados por Deus. Para mostrar esse carinho de Deus, no dia do Batismo, recebemos uma veste branca, veste nova de quem foi batizado. Vejamos como é a oração feita sobre a veste branca:

Queridas crianças, vocês nasceram de novo e se revestiram do Cristo; por isso trazem a veste batismal. Que seus pais e padrinhos os ajudem, por sua palavra e exemplo, a conservar a dignidade de filhos e filhas de Deus até a vida eterna.

ORAÇÃO FINAL

▶ Na mesa da Palavra.
O catequista pede aos catequizandos que recordem situações de pessoas que agem como os irmãos de José, querendo prejudicar outras pessoas. A cada situação, todos dizem: "Senhor, livrai-nos do mal". Ao final, rezar o que segue.
No livro do catequizando, o que segue está na página 67.

Todos: Pai santo, José teve grandes problemas ao longo de sua vida, mas terminou bem e ajudou sua família na hora da fome. Ensina-nos o caminho para não desanimar quando as coisas vão mal, pois tu sempre estás conosco. Faze que nós também saibamos perdoar e ajudar todos os que precisam de ajuda. Amém!

PARA O PRÓXIMO ENCONTRO

▶ No livro do catequizando, o que segue está na página 68.

Na história de José, os momentos mais difíceis se tornaram oportunidades para uma vida melhor. Por isso muita gente diz: "Deus escreve certo por linhas tortas". Procure uma pessoa que relate algum caso em que um fato inicialmente ruim se transformou em algo bom. Registre para o próximo encontro. Você poderá escrever, desenhar, gravar ou filmar o relato da pessoa.

VAMOS CANTAR: "JOSÉ"

▶ No CD, faixa 20.
No livro do catequizando, o que segue está na página 68.

Que exemplo de paz e perdão
nos deu José, nos deu José
Ele foi vendido pelos irmãos
quando os reencontrou, quando os reencontrou
seu coração os perdoou

/: O perdão traz a paz
e tanto bem me faz
e tanto bem nos faz:/

Quando o meu pensamento se desviar
quiser ferir, quiser magoar
por dinheiro, ciúme ou algo mais
quero voltar, quero voltar
Não, não quero estar longe de Deus

21 A ESCRAVIDÃO NO EGITO
(ÊXODO 1,6-14)

PREPARAR

Papel colorido, caixa de papelão, tesoura, revistas, cola, fita adesiva: para fazer uma maquete do Egito, no tempo da escravidão do povo de Deus.

ACOLHIDA
▶ Na mesa com cadeiras.

- Recordar os fatos da semana.
- Verificar o registro das histórias que as pessoas contaram sobre fatos ruins que acabaram tendo um final feliz.

MESA DA PALAVRA
▶ Na mesa da Palavra.

Catequista: Iniciemos nosso encontro mergulhando nossa mão na água que recorda o nosso Batismo.
▶ Dar tempo para todos realizarem o rito.

Catequista: Vamos acender a vela, símbolo da nossa fé que ilumina nossos dias, cantando:

Tua Palavra é lâmpada para meus pés, Senhor. Lâmpada para meus pés, Senhor. Luz para o meu caminho. (2 vezes)

ORAÇÃO INICIAL

Todos: Pai de bondade, no Egito a família de Israel foi escravizada. O povo sofreu muito. Mas tu és um Deus que ouve o clamor do teu povo e decide libertá-lo. Acolhe como prece, Senhor, os clamores de quem passa fome, dos que vivem em guerra e pedem liberdade em nossos dias. Amém!

Catequista: O povo de Israel vivia em paz no Egito até que, depois da morte de José, subiu ao trono um faraó chamado Ramsés. Ele não gostava do povo da família de José e transformou todos os membros em escravos dos egípcios.

▶ Catequizando lê: Ex 1,6-14. Catequista lê: Ex 1,6-14 e ao final diz:

Catequista: Palavra do Senhor!

Todos: Graças a Deus!

O QUE A PALAVRA DIZ?

▶ Na mesa com cadeiras.
Todos voltam para a mesa e procuram o texto na Bíblia; em seguida, marcam com caneta ou lápis o trecho de Ex 1,6-14, fazendo uma leitura silenciosa.

Catequista:

a) O que aconteceu com o Egito depois que José morreu?

b) O que aconteceu com os israelitas?

c) Qual foi a decisão do rei?

d) O que aconteceu com o povo de Israel?

e) O que se decidiu então?

f) Qual era o trabalho dos israelitas?

g) Onde trabalhavam?

Catequista: Cada um destaca uma palavra, expressão ou frase que chamou sua atenção.

▶ O catequista explica com suas palavras o texto que está abaixo (ou pode ler e comentar o que segue). No livro do catequizando, o que segue está na página 69.

Moisés salvo das águas

O faraó Ramsés achava que o povo de Israel era diferente, tinha seu próprio Deus, não queria misturar-se, e, se tudo continuasse assim, poderia vir a dominar os egípcios. Por isso tornou os israelitas escravos. Eles tinham de trabalhar o tempo todo, construir celeiros, pirâmides e tijolos para receber um pouco de comida. Ao perceber que, mesmo com toda a miséria e sofrimento, a população dos israelitas continuava aumentando, o faraó mandou seus soldados atirarem no rio todos os meninos recém-nascidos daquele povo. Para salvar seu bebê, uma mãe colocou o menino num cestinho e o pôs para boiar no rio. Quando a filha do faraó encontrou o bebê, acabou adotando o menino. Ele recebeu o nome de Moisés, que quer dizer "salvo das águas". Moisés cresceu e foi educado na corte do faraó, como se fosse um egípcio.

Catequese sobre o pecado social

A situação de injustiça afetou todos os israelitas. O pecado, nesse caso, não era só de uma pessoa, mas de uma nação inteira que aceitava a escravidão. Hoje isso também acontece, quando guerras, fome e injustiças atingem nações inteiras. Deus ouve o clamor dos escravos, tem compaixão do povo sofrido e age para salvá-lo. Quando criou o mundo, Deus deu condições para que todas as pessoas pudessem tirar da natureza o seu sustento. O pecado da sociedade acontece quando algumas pessoas tornam-se egoístas, deixando outras sem condições de viver. Deus é justo. Por isso o sofrimento de seus filhos chega ao céu como um pedido de ajuda.

O CATECISMO DA IGREJA CATÓLICA NN. 121 E 122

▶ Para o catequista aprofundar.

121. O Antigo Testamento é uma parte da Sagrada Escritura de que não se pode prescindir. Os seus livros são divinamente inspirados e conservam um valor permanente, porque a Antiga Aliança nunca foi revogada.

122. [...] Os livros do Antigo Testamento, "apesar de conterem também coisas imperfeitas e transitórias", dão testemunho de toda a divina pedagogia do amor salvífico de Deus: neles "encontram-se sublimes doutrinas a respeito de Deus, uma sabedoria salutar a respeito da vida humana, bem como admiráveis tesouros de preces"; neles, em suma, está latente o mistério da nossa salvação.

TESTEMUNHO

O catequista testemunha como percebe a realidade atual com novos tipos de escravidão, de sofrimento e de inocentes sofrendo por decisões de pessoas que se esquecem do direito que todo ser humano tem de viver com dignidade e ser livre.

ATIVIDADE

Dividir o grupo e pedir que façam uma maquete do período da escravidão do Egito, representando com desenhos, colagens e montagens as ruas, pirâmides, montes de tijolos, pessoas trabalhando forçosamente etc. Enquanto se faz essa atividade, ouvir a música.

VIVER O BATISMO É VENCER O MAL

▶ No livro do catequizando, o que segue está na página 70.

O batizado está livre da escravidão do pecado e do mal. Mas isso não impede de sermos atacados pelo mal, pela violência e pela injustiça. Quem é batizado deve procurar vencer as escravidões de hoje. Tanta gente fica presa só ao dinheiro, ao trabalho, e se esquece da família, dos amigos e de Deus. No dia de nosso Batismo, foi feita uma oração para que pudéssemos, desde crianças, vencer o mal. Vejamos como é a oração que se faz com a imposição das mãos:

Deus da vida e do amor, vós enviastes vosso Filho Jesus ao mundo para nos libertar do pecado e da morte. Afastai destas crianças todo mal e ajudai-as a combater o bom combate. Como templos vivos do Espírito Santo, que manifestem as maravilhas do vosso amor. Por Cristo, nosso Senhor. Amém!

ORAÇÃO FINAL

▶ Na mesa da Palavra.
O catequista pede ao grupo que recorde de pessoas ou situações às quais devemos olhar com mais atenção e cuidado. Em seguida, reza-se o que segue.
No livro do catequizando, o que segue está na página 70.

Todos: Pai da vida, o teu amor faz-nos escutar as dores de teu povo. Foi assim no Egito, que seja assim hoje também. Há muitos irmãos nossos que sofrem. São crianças, mulheres, doentes e idosos clamando por vida. Ouve, ó Pai de amor, esse clamor. Amém!

PARA O PRÓXIMO ENCONTRO
▶ No livro do catequizando, o que segue está na página 70.

Conferir na Bíblia a passagem de Êxodo 2,1-10 e registrar a história do nascimento de Moisés. Pode ser um desenho, uma redação, uma história em quadrinhos, uma maquete, uma gravação de voz ou de imagem. Usar a criatividade para contar a história do nascimento de Moisés.

VAMOS CANTAR: "A ESCRAVIDÃO NO EGITO"
▶ No CD, faixa 21.
No livro do catequizando, o que segue está na página 71.

Todo o povo vivia na paz
trabalhava, se multiplicava e fecundo crescia
Quando um novo rei chegou
no Egito a escravidão tirou aquela harmonia
Quanta gente a viver e sofrer esta dor
e a injustiça prevalecia
/: Deus vai libertar, Israel, Israel:/

22 MOISÉS E A PÁSCOA
(ÊXODO 14,21-25)

PREPARAR

Distribuir papéis e canetas coloridas, cola, tesoura e fita adesiva para os catequizandos representarem a sarça ardente.

ACOLHIDA

▶ Na mesa com cadeiras.

- Recordar os fatos da semana.
- Verificar a representação do nascimento de Moisés que cada catequizando realizou.

MESA DA PALAVRA

▶ Na mesa da Palavra.

Catequista: Iniciemos nosso encontro mergulhando nossa mão na água que recorda o nosso Batismo.

▶ Dar tempo para todos realizarem o rito.

Catequista: Vamos acender a vela, símbolo da nossa fé que ilumina nossos dias, cantando:

Tua Palavra é lâmpada para meus pés, Senhor. Lâmpada para meus pés, Senhor. Luz para o meu caminho. (2 vezes)

ORAÇÃO INICIAL

Todos: Deus, nosso Pai, tu chamastes Moisés para ser o libertador do povo que vivia escravo no Egito. Tu estás atento aos problemas que nos causam dor. Que também nós estejamos atentos aos sofrimentos de quem está ao nosso redor. Amém!

A libertação do Egito

▶ Antes da leitura, o catequista explica com suas palavras o texto que está abaixo (ou pode ler e comentar o que segue). No livro do catequizando, o que segue está na página 72.

Catequista: Certo dia, Moisés, já adulto, viu um soldado egípcio batendo num judeu. Moisés agiu, acabou matando o agressor e teve que fugir para o deserto. Ali, enquanto trabalhava cuidando de ovelhas, viu um pequeno arbusto em chamas. Era a sarça ardente. Uma pequena planta que curiosamente o fogo não a consumia. Do meio das chamas, a voz de Deus disse a Moisés: "Eu vi a aflição do meu povo que está no Egito e ouvi o seu grito provocado por aqueles que o escravizam. Sim, eu reconheci seu sofrimento e desci para livrá-los das mãos dos egípcios e conduzi-los a uma terra fértil e rica. Moisés, vai! Eu te envio para tirar o meu povo do Egito!". Moisés respondeu: "Mas quem sou eu para fazer isto? Eu não estou preparado. Não vão ouvir-me". E o Senhor falou: "Eu estarei contigo e te ensinarei o que dizer".

Deus queria que ele convencesse o faraó a deixar o povo hebreu ir embora do Egito. Moisés foi falar com o faraó, mas ele se recusou a dar-lhes a liberdade. Então, surgiram dez pragas no Egito como sinal contra o faraó, a fim de conquistar a liberdade com a força de Deus. Nem assim o faraó mudou de opinião. Enfim, orientado por Deus, Moisés organizou o povo para fugir do Egito, fugir da escravidão. Na noite da saída do Egito, cada família matou um cordeiro e, com o sangue, fez marcas nas portas. Nas casas marcadas, a morte não entrou, passou adiante. O povo comeu a carne do cordeiro para ter força durante a fuga (Ex 12,1-14). À meia-noite, correram para o mar Vermelho, que recuou para que eles pudessem passar e sair do Egito. Essa saída foi uma passagem da escravidão para a liberdade. Essa passagem é a Páscoa!

▶ Catequizando lê: Ex 14,21-25. Catequista lê: Ex 14,21-25 e ao final diz:

Catequista: Palavra do Senhor!

Todos: Graças a Deus!

O QUE A PALAVRA DIZ?

▶ Na mesa com cadeiras.
Todos voltam para a mesa e procuram o texto na Bíblia; em seguida, marcam com caneta ou lápis o trecho de Ex 14,21-25, fazendo uma leitura silenciosa.

Catequista:

a) Que gesto fez Moisés sobre o mar?

b) O que aconteceu com o mar e o vento?

c) O que fizeram os filhos de Israel?

d) O que aconteceu com os egípcios?

e) O que o olhar de Deus causou?

f) O que disseram os egípcios?

Catequista: Cada um destaca uma palavra, expressão ou frase que chamou sua atenção.

Páscoa judaica

▶ O catequista explica com suas palavras o texto que está abaixo (ou pode ler e comentar o que segue). No livro do catequizando, o que segue está na página 73.

Ainda hoje, todos os anos, os judeus celebram a Páscoa, a passagem da escravidão para a libertação. Por isso, comem cordeiro, pão sem fermento, recordando que, naquela noite da passagem, foi preciso sair correndo. Também comem saladas amargas, recordando o sofrimento que tinham. E a sobremesa é um doce feito de maçã que lembra a massa dos tijolos que eles fabricavam no período em que eram escravos.

Catequese sobre o Deus que liberta e salva

Moisés recebeu a revelação de Deus na sarça ardente. Lá o Senhor se revelou interessado pela vida de todas as pessoas. Ele não quis mais a escravidão de seu povo, por isso chamou Moisés para tirar o povo daquele sofrimento. Deus se revela como aquele que livra da escravidão e salva seu povo de todos os males. Todas as vezes que o povo judeu celebra a Páscoa, faz memória daquela passagem da escravidão para a liberdade que Deus realizou por meio de Moisés.

O CATECISMO DA IGREJA CATÓLICA N. 205
▶ Para o catequista aprofundar.

205. Do meio de uma sarça que arde sem se consumir, Deus chama por Moisés e lhe diz: "Eu sou o Deus de teu pai, o Deus de Abraão, o Deus de Isaac e o Deus de Jacob" (Ex 3,6). Deus é o Deus dos antepassados, Aquele que tinha chamado e guiado os patriarcas nas suas peregrinações. É o Deus fiel e compassivo, que se lembra deles e das promessas que lhes fez. Ele vem para libertar da escravidão os seus descendentes. É o Deus que, para além do espaço e do tempo, pode e quer fazê-lo e empenhará a sua onipotência na concretização deste desígnio.

TESTEMUNHO

O catequista testemunha a importância da Páscoa na vida cristã. Comenta que a Páscoa cristã é celebrada especialmente em três dias: na quinta, na sexta e no sábado santos. Também mostra a beleza e a unidade das três celebrações: última ceia, morte e ressurreição de Jesus. Associa especialmente à ideia de sair da escravidão da Páscoa judaica com a noção de passar da morte para a vida eterna da Páscoa cristã.

ATIVIDADE

Dividir o grupo e pedir que façam a representação da sarça ardente com desenhos, colagens e montagens. Procurar na Bíblia a passagem de Ex 3,1-11 e escrever num balão (tipo de história em quadrinhos) uma frase que Deus disse a Moisés. Enquanto se realiza a atividade, ouvir a música.

VIVER O BATISMO É SER LIVRE DA ESCRAVIDÃO
▶ No livro do catequizando, o que segue está na página 73.

No Batismo, a água tanto é morte que destrói o pecado quanto é vida que renova tudo. A oração sobre a água é um resumo de toda história da Bíblia vista como Páscoa, isto é, como passagem. Vejamos um trecho da oração de bênção da água batismal: "Concedestes aos filhos de Abraão atravessar o mar Vermelho a pé enxuto para que, livres da escravidão, prefigurassem o povo nascido na água do Batismo".

ORAÇÃO FINAL
▶ Na mesa da Palavra.
No livro do catequizando, o que segue está na página 74.

Todos: Pai de bondade, a escravidão foi criada pelo mal no coração humano. A libertação foi trazida por Moisés sob a tua ordem. Hoje também há muitas escravidões. Ajuda-nos a aliviar o sofrimento do mundo, porque também hoje precisamos de liberdade, libertação e paz. Amém!

PARA O PRÓXIMO ENCONTRO
▶ No livro do catequizando, o que segue está na página 74.

Participar de um Batismo na comunidade e registrar palavras, símbolos e gestos que recordem o que foi visto na catequese até agora. Pode ser em forma de redação, desenhos, vídeo, gravação. Cada um use a criatividade. Para esse compromisso, vamos dispor de quatro semanas, para que essa tarefa seja feita com muita dedicação. Portanto, nos próximos encontros não haverá novo compromisso.

VAMOS CANTAR: "MOISÉS E A PÁSCOA"
▶ No CD, faixa 22.
No livro do catequizando, o que segue está na página 74.

/: Eu vi a aflição do meu povo /
ouvi o seu clamor /
e desci para libertar: /

Foi por Moisés que aceitou o chamado /
que o povo buscou libertação
E Deus agia cada passo dado /
firme na promessa, livre da escravidão

O povo foi confiante em seu Deus /
e o mar Vermelho ele atravessou
Dali surgiu a Páscoa da liberdade /
o povo não esqueceu e sempre celebrou.

23 OS DEZ MANDAMENTOS
(ÊXODO 20,1-17)

PREPARAR

Papelão, tesoura, cola, fita adesiva, tinta e pincel atômico para fazer as duas tábuas da lei.

ACOLHIDA
▶ Na mesa com cadeiras.

- Recordar os fatos da semana.
- Verificar se alguém já cumpriu a tarefa de acompanhar um Batismo na comunidade, mas ainda não partilhar, pois somente após cada grupo cumprir esse compromisso é que todos compartilharão seus trabalhos.

MESA DA PALAVRA
▶ Na mesa da Palavra.

Catequista: Iniciemos nosso encontro mergulhando nossa mão na água que recorda o nosso Batismo.

▶ Dar tempo para todos realizarem o rito.

Catequista: Vamos acender a vela, símbolo da nossa fé que ilumina nossos dias, cantando:

Tua Palavra é lâmpada para meus pés, Senhor. Lâmpada para meus pés, Senhor. Luz para o meu caminho. (2 vezes)

ORAÇÃO INICIAL

Todos: Pai Santo, no deserto, em meio a muitas dificuldades, tu chamaste Moisés até o monte Sinai e lhe entregaste os mandamentos da lei. Mostra-nos como fazer para cumprir tua vontade que traz vida e alegria ao nosso coração. Amém!

Catequista: Depois da libertação no mar Vermelho, os hebreus precisaram passar pelo deserto para chegar à terra prometida. O caminho era longo, a terra, seca, e o sol, muito forte. Deus acompanhou o povo com muito carinho. Caminhando pelo deserto, o povo chegou ao monte Sinai, onde acamparam. Moisés subiu ao monte e lá Deus lhe indicou Dez Mandamentos a serem seguidos para garantir a paz e a felicidade no meio do povo.

▶ Catequizando lê: Ex 20,1-17. Catequista lê: Ex 20,1-17 e ao final diz:

Catequista: Palavra do Senhor!

Todos: Graças a Deus!

O QUE A PALAVRA DIZ?

▶ Na mesa com cadeiras.
Todos voltam para a mesa e procuram o texto na Bíblia; em seguida, marcam com caneta ou lápis o trecho de Ex 20,1-17, fazendo uma leitura silenciosa.

Catequista:

a) De quem Moisés recebeu a lei dos Dez Mandamentos?

b) Qual é o primeiro mandamento citado no texto?

c) O que diz sobre o nome de Deus?

d) O que diz o texto sobre o descanso semanal?

e) O que fala o texto sobre os pais?

f) Qual a ordem de não matar?

g) O que diz sobre o adultério?

h) O que diz sobre roubar?

i) O que diz sobre mentir?

j) O que diz sobre a cobiça?

Catequista: Cada um destaca uma palavra, expressão ou frase que chamou sua atenção.

▶ O catequista explica com suas palavras o texto que está abaixo (ou pode ler e comentar o que segue). No livro do catequizando, o que segue está na página 76.

A lei de Deus

Moisés desceu do monte e contou ao povo o que Deus lhe dissera. E o povo respondeu: "Queremos obedecer somente a Deus!". Moisés, então, disse a Deus que o povo aceitava. Deus confirmou a Aliança com o povo e deu a ele uma lei que ficou gravada numa pedra chamada "Decálogo", isto é, os Dez Mandamentos, que se tornaram a prova e o compromisso dessa aliança. Os Dez Mandamentos constituem a lei do povo de Deus. Jesus, quando veio ao mundo, conheceu essa lei e dela falou muitas vezes.

Catequese sobre os Dez Mandamentos

Os Dez Mandamentos são chamados de "Decálogo", que significa dez palavras que resumem a lei de Deus dada ao povo de Israel. O cumprimento dos Dez Mandamentos é sinal da fidelidade do povo ao Deus que o libertou da escravidão. Jesus renovou a antiga Aliança e com sua autoridade de Filho de Deus deu novo sentido à lei. Para Jesus, a lei não é um peso para a vida das pessoas, porque o amor torna leves as obrigações da vida.

O CATECISMO DA IGREJA CATÓLICA NN. 2061 E 2062

▶ Para o catequista aprofundar.

2061. É no âmbito da Aliança que os mandamentos recebem o seu pleno significado. Segundo a Escritura, "o procedimento moral do homem atinge todo o seu sentido na e pela Aliança".

2062. [...] Os mandamentos propriamente ditos vêm em segundo lugar e traduzem as implicações da pertença a Deus, instituída pela Aliança. A existência moral é *resposta* à iniciativa amorosa do Senhor. É reconhecimento, homenagem a Deus e culto de ação de graças. É cooperação com o plano que Deus prossegue na história.

TESTEMUNHO

O catequista testemunha a importância de memorizar os Dez Mandamentos para ajudar a viver o que Deus quer do ser humano.

Guardar na memória e no coração essa lei será muito útil ao longo da vida, quando as tentações vierem. Nem tudo que nos é proposto está de acordo com a lei e a vontade de Deus. Os Dez Mandamentos nos ajudam a escolher o bem.

ATIVIDADE

Usar papelão, cola, tesoura, lápis de cor etc., para produzir as duas tábuas da lei: os Dez Mandamentos. Evitar cartazes; usar a criatividade e fazer parecer duas tábuas de pedra. Na primeira tábua, escrever os três primeiros mandamentos, que se referem a Deus. Na segunda, escrever os outros sete, que orientam a nossa convivência de irmãos.

Os Dez Mandamentos

1. Amar a Deus sobre todas as coisas.
2. Não tomar seu santo nome em vão.
3. Guardar domingos e festas.
4. Honrar pai e mãe.
5. Não matar.
6. Não pecar contra a castidade.
7. Não furtar (não roubar).
8. Não levantar falso testemunho (não mentir).
9. Não desejar a mulher/homem do(a) próximo(a).
10. Não cobiçar as coisas alheias.

No terceiro mandamento, o Antigo Testamento ordenava guardar o sábado para louvar a Deus. Os apóstolos, no tempo de Jesus, começaram a valorizar mais o domingo, porque foi o dia em que Jesus ressuscitou. Para nós, cristãos, Jesus é maior que Moisés, pois Jesus é Deus que veio nos visitar. Por isso os cristãos trocaram o sábado pelo domingo, o dia escolhido por Cristo para revelar o fato mais importante de toda a história: a Ressurreição.

VIVER O BATISMO É ANDAR NA LUZ DE CRISTO
▶ No livro do catequizando, o que segue está na página 76.

A lei de Deus é a sua Palavra que nos ilumina. No Batismo, somos chamados a andar na luz de Deus e não na escuridão do pecado. No Batismo, nossos pais e padrinhos receberam uma vela acesa. A vela é o símbolo da fé na Palavra, da luz que ilumina a vida de quem segue os mandamentos de Deus. A entrega da vela é o símbolo da passagem das trevas para a luz. Em Cristo, os batizados são "a luz do mundo" (Mt 5,14).

ORAÇÃO FINAL
▶ Na mesa da Palavra.
O catequista pede que cada catequizando recorde uma palavra do encontro que expressa o que Deus quer de seus filhos. Em seguida, rezar.
No livro do catequizando, o que segue está na página 76.

Todos: Senhor Deus, ajuda-nos a abrir o coração para vivermos os mandamentos e estarmos sempre prontos a colocá-los em prática todos os dias de nossa vida. Especialmente, que saibamos amar todas as pessoas. Amém!

PARA O PRÓXIMO ENCONTRO
▶ No livro do catequizando, o que segue está na página 77.

- Participar de um Batismo na comunidade e registrá-lo.
- Memorizar (decorar) os Dez Mandamentos.

VAMOS CANTAR: "A ALIANÇA DO DESERTO"
▶ No CD, faixa 23.
No livro do catequizando, o que segue está na página 77.

Como o povo seria fiel
ao seu Deus que os libertou?
Foi bem por isso que Moisés entregou
os Dez Mandamentos para o povo seguir

*/: **São mandamentos para viver e ser feliz***
e ser fiel à Aliança que Deus quis:/

Sou teu Deus, sou teu Senhor
te acompanhei rumo à libertação
Agora peço ao meu povo santo
que não esqueça a aliança que fiz

24 A TERRA, OS JUÍZES E OS REIS
(1 SAMUEL 8,1-9)

PREPARAR
Papéis em forma de cédula eleitoral e uma caixa como urna.

ACOLHIDA
▶ Na mesa com cadeiras.

- Recordar os fatos da semana.
- Verificar se alguém já cumpriu a tarefa de acompanhar um batismo na comunidade, mas ainda não partilhar, pois somente após o grupo cumprir esse compromisso é que todos socializarão seus trabalhos.
- Conferir quem já memorizou os Dez Mandamentos e ajudar aqueles que ainda não conseguiram.

MESA DA PALAVRA
▶ Na mesa da Palavra.

Catequista: Iniciemos nosso encontro mergulhando nossa mão na água que recorda o nosso Batismo.
▶ Dar tempo para todos realizarem o rito.

Catequista: Vamos acender a vela, símbolo da nossa fé que ilumina nossos dias, cantando:

Tua Palavra é lâmpada para meus pés, Senhor. Lâmpada para meus pés, Senhor. Luz para o meu caminho. (2 vezes)

ORAÇÃO INICIAL

Todos: Deus, nosso Pai, o povo que guiaste pelo deserto, ao chegar à terra prometida, quis ter reis. Ensina-nos a reconhecer que somente tu és o Rei de nossa vida, pois cuidas de todos com muito carinho. Amém!

O povo quer reis

▶ Antes da leitura, o catequista explica com suas palavras o texto que está abaixo (ou pode ler e comentar o que segue). No livro do catequizando, o que segue está na página 78.

Catequista: Quando Moisés morreu, Deus colocou Josué como chefe do povo. Ele disse a Josué: "Assim como estive com Moisés, estarei contigo. Seja firme e corajoso, porque farás este povo herdar a terra que a teus pais jurei dar" (Js 1,6). Então Josué disse ao povo para pegar alimento, pois dentro de três dias atravessariam o rio Jordão e entrariam no país que Deus lhes tinha dado.

O povo havia permanecido muito tempo no Egito. Depois, estrangeiros passaram a dominar a terra prometida. Foi necessário que as doze tribos de Israel se organizassem e libertassem a terra ocupada pelos reis de Canaã. A partilha da terra não foi fácil, pois foi marcada por lutas, guerras e muitas dificuldades. Mas, com a ajuda de Deus, o povo hebreu libertou a terra do domínio dos reis cananeus e passou a viver numa terra livre. Era preciso estabelecer uma organização para todos. Por isso decidiram fazer uma grande reunião com representantes de todas as tribos (descendentes dos doze filhos de Jacó – Israel). As questões de justiça seriam julgadas pelos juízes, que eram também chefes escolhidos pelos líderes de cada tribo.

Durante duzentos anos, o povo viveu bem organizado, partilhando com igualdade os seus bens. As famílias viviam em tribos, e os juízes mantinham a organização do povo. Entre os muitos juízes encontram-se: Sansão, Débora e Samuel.

O tempo foi passando, e o povo começou a ficar desunido e desorganizado. Já havia quem praticasse corrupção. Os estrangeiros invadiam a terra, e o povo sofria com guerras, saques e agressões. Era preciso encontrar uma saída. Foi então que os anciãos, isto é, as lideranças mais ricas, que já moravam em cidades, procuraram Samuel, que era um juiz, e pediram que ele escolhesse um rei para a nação.

▶ Catequizando lê: 1Sm 8,1-9. Catequista lê: 1Sm 8,1-9 e ao final diz:

Catequista: Palavra do Senhor!

Todos: Graças a Deus!

O QUE A PALAVRA DIZ?

▶ Na mesa com cadeiras.
Todos voltam para a mesa e procuram o texto na Bíblia, em seguida marcam com uma caneta ou lápis o trecho de 1Sm 8,1-9, fazendo uma leitura silenciosa.

Catequista:

a) Quem Samuel constituiu juízes?

b) Como eles agiam?

c) O que os anciãos de Israel pediram a Samuel?

d) Qual a reação de Samuel?

e) Quando rezou, o que Samuel ouviu de Deus?

f) Querendo reis, o povo estava rejeitando a quem?

g) Qual o problema que Deus vê no povo eleito?

h) A quem eles serviam?

Catequista: Cada um destaca uma palavra, expressão ou frase que chamou sua atenção.

▶ O catequista explica com suas palavras o texto que está abaixo (ou pode ler e comentar o que segue). No livro do catequizando, o que segue está na página 79.

Os primeiros reis de Israel

Samuel ungiu Saul como primeiro rei de Israel. Naquele tempo e naquele lugar, o rei não usava coroa, ele era ungido para receber as bênçãos de Deus. Para dar posse ao rei, derramava-se óleo na cabeça. Saul foi um grande guerreiro, derrotando vários exércitos inimigos. Porém, acabou ficando orgulhoso e esquecendo que Deus era maior do que ele. Tornou-se infiel a Deus e ao povo. Já não servia como rei e era preciso escolher outro.

Samuel escolheu para novo rei um jovem pastor de Belém, chamado Davi, que havia derrubado o gigante Golias com uma pedrada. Davi só se tornou rei quando Saul morreu. Apesar de algumas faltas que Davi cometeu, ele sempre se arrependeu e pediu a Deus que perdoasse suas fraquezas. Davi compôs lindos cantos e orações, alguns deles podem ser lidos nos salmos. Foi um rei que uniu ao seu reino quase todos os povos vizinhos.

Depois da morte de Davi, subiu ao trono seu filho Salomão. Foi ele quem construiu o Templo de Jerusalém, onde ficou depositada a Arca da Aliança com as duas tábuas da lei (onde estavam escritos os Dez Mandamentos). A riqueza que os governantes da corte de Salomão acumularam desviou seus corações. Quando envelheceu, Salomão também foi infiel a Deus, pois construiu e adorou ídolos estrangeiros. Quando ele morreu, o povo estava dividido e, com o tempo, acabou se esquecendo do Deus de Abraão, de Isaac, de Jacó e de Moisés. Como os reis foram infiéis à Aliança, não cumpriram com os seus deveres e levaram também seus súditos à infidelidade.

Catequese sobre o Reino de Deus

Jesus foi enviado por Deus e também foi ungido para reinar sobre todas as pessoas. Dizer que Deus reina sobre seu povo significa que, onde ele está presente, existe felicidade, justiça, amor, promoção da vida e da dignidade. É um reino de amor para todo o povo, no qual todos são acolhidos. Pela sua ação, Jesus faz o Reino de Deus acontecer por meio de seu amor, dos milagres e da defesa da vida. Quando as pessoas acolhem a mensagem de Jesus, o Reino de Deus se manifesta no meio de nós.

O CATECISMO DA IGREJA CATÓLICA N. 543

▶ Para o catequista aprofundar.

543. *Todos os homens* são chamados a entrar no Reino. Anunciado primeiro aos filhos de Israel, este Reino messiânico é destinado a acolher os homens de todas as nações. Para ter acesso a ele, é preciso acolher a Palavra de Jesus: "A Palavra do Senhor compara-se à semente lançada ao campo: aqueles que a ouvem com fé e entram a fazer parte do pequeno rebanho de Cristo, já receberam o Reino; depois, por força própria, a semente germina e cresce até ao tempo da messe".

TESTEMUNHO

O catequista apresenta alguns sinais que identificam o Reino de Deus que cresce no meio de nós, especialmente quando os seguidores de Jesus são capazes de perdoar, cuidar dos doentes, alimentar os famintos e mostrar que o amor supera o ódio.

ATIVIDADE

Hoje não pedimos que alguém escolha um governante para nós e derrame óleo sobre sua cabeça. Nós votamos para escolher o candidato que nos vai governar por determinado período.

- Distribuir uma cédula para cada catequizando.
- Pedir que escrevam três valores que deve ter alguém que queira governar o povo conforme a vontade de Deus.
- Colocar os votos na urna.
- Abrir os votos para ver quais são os valores mais votados.

VIVER O BATISMO É SER UNGIDO PARA A MISSÃO

▶ No livro do catequizando, o que segue está na página 80.

Vimos que Samuel colocava óleo na cabeça da pessoa que era escolhida para ser rei. Também no Batismo recebemos duas unções. A primeira é feita com óleo no peito, sinal de que a força de Cristo deve penetrar em nossa vida como o óleo entra em nosso corpo. A segunda é feita na testa, com um óleo perfumado, chamado óleo do Crisma. Essa segunda unção é feita junto com uma oração dizendo que Cristo é sacerdote, profeta e rei, e nós, o seu povo.

Queridas crianças, pelo Batismo Deus Pai as libertou do pecado e vocês renasceram pela água e pelo Espírito Santo. Agora fazem parte do povo de Deus. Que ele as consagre com o óleo santo para que, inseridas em Cristo, sacerdote, profeta e rei, continuem sendo o seu povo até a vida eterna.

ORAÇÃO FINAL

▶ Na mesa da Palavra.
O catequista sugere que se façam pedidos ao Senhor em favor dos governantes e do povo do país, do estado e da cidade, para que todos cresçam em busca do bem comum.
No livro do catequizando, o que segue está na página 80.

Todos: Pai querido, tu és nosso verdadeiro rei, que nos governa com justiça e bondade. Ilumina nossos governantes para que ajudem todo o povo a ter o que realmente precisa. E conduz nosso país pelos caminhos da paz. Amém!

PARA O PRÓXIMO ENCONTRO

▶ No livro do catequizando, o que segue está na página 80.

- Participar de um Batismo na comunidade e registrar.
- Memorizar (decorar) os Dez Mandamentos.

VAMOS CANTAR: "A TERRA, OS JUÍZES E OS REIS"

▶ No CD, faixa 24.
No livro do catequizando, o que segue está na página 81.

O povo de Deus andou, andou pelo deserto /
até um dia chegar à terra prometida
Em tribos se organizou / juízes ajudavam a cultivar a fé /
naquela terra querida

Também sou teu povo, Senhor /
sou a Igreja, sou chamado a despertar o amor / e a caminhar

O povo também vacilou / desunido veio a sofrer
Foi preciso escolher um rei / pra governar este povo
O rei nem sempre era fiel / esquecia de Deus e do povo
Um novo rei tinha que escolher / ter esperança de novo.

25 O EXÍLIO: LONGE DE CASA
(2 REIS 24,8-16)

PREPARAR
Mochila, papéis e caneta.

ACOLHIDA
▶ Na mesa com cadeiras.

- Recordar os fatos da semana.
- Partilhar a experiência do Batismo na comunidade. O que chamou a atenção, que registros fizeram e como o que foi visto na catequese ajudou a compreender o sacramento do Batismo.

MESA DA PALAVRA
▶ Na mesa da Palavra.

Catequista: Iniciemos nosso encontro mergulhando nossa mão na água que recorda o nosso Batismo.
▶ Dar tempo para todos realizarem o rito.

Catequista: Vamos acender a vela, símbolo da nossa fé que ilumina nossos dias, cantando:

Tua Palavra é lâmpada para meus pés, Senhor. Lâmpada para meus pés, Senhor. Luz para o meu caminho. (2 vezes)

ORAÇÃO INICIAL

Todos: Senhor nosso Deus. O teu povo aos poucos se esqueceu de tuas palavras. O poder, o egoísmo e a ganância tomaram conta dos governantes e do povo. Eles ficaram fracos e perderam a segurança. Outras nações invadiram a terra, e o povo foi levado para longe de seu país.

Que neste encontro aprendamos como tu nos acompanhas nas horas mais difíceis da vida. Amém!

Catequista: Depois da morte de Salomão, o povo de Israel começou uma guerra interna: era irmão lutando contra irmão. Assumiram reis mais fracos. O país ficou dividido: o norte e o sul. Com a divisão, a nação ficou enfraquecida e foi dominada por outros povos. As pessoas do país de Israel foram levadas para outros reinos como escravas.

▶ Catequizando lê: 2Rs 24,8-16. Catequista lê: 2Rs 24,8-16 e ao final diz:

Catequista: Palavra do Senhor!

Todos: Graças a Deus!

MESA DA PARTILHA

▶ Todos voltam para a mesa e procuram o texto na Bíblia; em seguida, marcam com caneta ou lápis o trecho de 2Rs 24,8-16, fazendo uma leitura silenciosa.

O QUE A PALAVRA DIZ?

▶ Na mesa com cadeiras.

Catequista:

a) O que fez o rei Jeconias igual ao seu pai?

b) Quem marchou contra Jerusalém?

c) O que fez, então, Jeconias com sua família e o povo?

d) O que fez Nabucodonosor com os tesouros?

e) Quem foi levado exilado?

f) Quem ficou na terra prometida?

Catequista: Cada um destaca uma palavra, expressão ou frase que chamou sua atenção.

▶ O catequista explica com suas palavras o texto que está abaixo (ou pode ler e comentar o que segue). No livro do catequizando, o que segue está na página 82.

O povo esquece a aliança e é exilado

O povo de Israel estava longe de sua terra e de casa. O Deus de Abraão, de Isaac e de Jacó caiu no esquecimento, porque os israelitas acabaram cultuando os ídolos dos estrangeiros com os quais conviviam. Começaram a achar que a religião era muito exigente ao pregar a justiça e a obediência a Deus. Esqueceram os Dez Mandamentos. Por esse motivo o povo preferiu viver na desunião, no desamor, numa vida fácil, sem se preocupar com o irmão. O povo havia se esquecido da Aliança. Deus, porém, jamais esqueceu seu povo.

Pela Aliança dos Dez Mandamentos, Deus queria educar o povo para viver em harmonia e paz. Mas o povo nem sempre praticou a lei de Deus. O povo preferiu seguir sua vontade e não foi fiel aos Mandamentos. O resultado disso foi a dominação de Israel por outros povos, que fizeram o exílio dos israelitas. Eles foram tirados da sua terra prometida, da unidade de seu povo. O afastamento de Deus causa exílio, perda do amor e da comunhão.

Catequese sobre o pecado

Quando nos afastamos de Deus, saímos do caminho da paz. Ficamos perdidos. Isso ocorre quando pecamos. O pecado é um afastamento de Deus. Quando nos esquecemos de Deus e de seu caminho, andamos em estradas e desvios que nos levam à tristeza.

O pecado é uma ofensa a Deus, um isolamento da pessoa que prefere seguir seu egoísmo e se fechar à vontade de Deus. Pecar é estar longe de Deus. É viver como numa terra estrangeira, longe da casa do Pai.

O CATECISMO DA IGREJA CATÓLICA N. 710

▶ Para o catequista aprofundar.

710. O esquecimento da lei e a infidelidade à Aliança levam à morte: é o exílio, aparentemente, o fracasso das promessas, mas, na realidade, fidelidade misteriosa do Deus salvador e o princípio de uma restauração prometida, mas segundo o Espírito. Era preciso que o povo de Deus sofresse essa purificação. O exílio traz já a sombra da cruz no desígnio de Deus.

TESTEMUNHO

O catequista mostra como ainda hoje há muita gente que vive como se Deus não existisse, como se os Dez Mandamentos não precisassem ser observados, como se o amor a Deus e ao próximo fosse uma lei opcional. Explicar que Deus tem um plano e que a humanidade, quando se afasta desse plano, cai facilmente no sofrimento.

ATIVIDADE

- Catequista pergunta: "Se tivéssemos de viajar para morar num país distante, o que deveríamos colocar em nossa mochila?".
- Os catequizandos escrevem em papéis o que é importante para eles e colocam os papéis na mochila.
- Em seguida, o catequista retira todos os papéis e diz que a mochila só aguenta cinco coisas.
- Os catequizandos deverão conversar entre eles e escolher o que preferem deixar e o que preferem levar.
- No exílio, não era possível levar tudo, só o principal.

VIVER O BATISMO É TER UM LAR: A IGREJA

▶ No livro do catequizando, o que segue está na página 83.

Nós também fomos exilados da vida em Deus, quando os primeiros pais pecaram. Adão e Eva, como representantes da raça humana, caíram do paraíso, quando desobedeceram a Deus. Nós herdamos esse exílio. O Batismo, porém, nos leva de volta para nossa casa. A Igreja é o nosso lar. Aqui não somos estrangeiros, Deus é nosso Pai, e todos somos irmãos da única família. O sentimento de unidade se dá na comunidade, na Igreja. É muito importante participar da nossa paróquia ou comunidade, para não ficarmos isolados, fora da alegria de viver na família de Deus.

ORAÇÃO FINAL

▶ Na mesa da Palavra.
Na oração, recordar situações nas quais as pessoas precisam sair de suas casas, de suas terras e de seu país para sobreviver. Rezar por essas pessoas.
No livro do catequizando, o que segue está na página 83.

Todos: Pai santo, o povo hebreu não foi fiel ao teu pacto de amor. Mas tu permaneceste perto das pessoas para consolar e animar, para não deixar a esperança morrer. Ensina-nos o caminho da vida que nunca se desvia do teu caminho para podermos viver em paz. Amém!

PARA O PRÓXIMO ENCONTRO

▶ No livro do catequizando, o que segue está na página 83.

Entrevistar duas pessoas e registrar as respostas para estas perguntas:
- Para você, o que é um profeta?
- O que faz um profeta?

VAMOS CANTAR: "EXÍLIO"

▶ No CD, faixa 25.
  No livro do catequizando, o que segue está na página 84.

/ : Estou com saudade da terra / daquele lugar tão querido
Estou com saudade da pátria / lá onde cresci e onde fui acolhido: /

O povo de Israel foi exilado da terra / foi esquecendo Deus /
se afastando do amor e perdendo a paz
Mas como Deus é fiel, não esquece a aliança / nos chama a voltar

Não, eu não quero pecar / me afastar deste Deus
Se eu vacilar, pedirei seu perdão / quero logo voltar
Longe de Deus, já não sei o que sou / ele é minha pátria do amor.

26 OS PROFETAS FALAM EM NOME DE DEUS
(JEREMIAS 1,4-10)

PREPARAR

Jornais, recortes e impressos da internet que abordem a realidade atual.

ACOLHIDA
▶ Na mesa com cadeiras.

- Recordar os fatos da semana.
- Verificar o resultado das entrevistas sobre profetas.
- Ver quais são as respostas que mais se repetem?
- Verificar, no encontro, se as respostas estão de acordo com a ideia de profeta que consta na Bíblia.

MESA DA PALAVRA
▶ Na mesa da Palavra.

Catequista: Iniciemos nosso encontro mergulhando nossa mão na água que recorda o nosso Batismo.
▶ Dar tempo para todos realizarem o rito.

Catequista: Vamos acender a vela, símbolo da nossa fé que ilumina nossos dias, cantando:

Tua Palavra é lâmpada para meus pés, Senhor. Lâmpada para meus pés, Senhor. Luz para o meu caminho. (2 vezes)

ORAÇÃO INICIAL

Todos: Deus amigo e bondoso, quando as coisas ficaram difíceis para o teu povo, tu lhe enviaste profetas. Eles falaram em teu nome:

anunciando dias melhores, corrigindo os erros das pessoas, consolando os tristes. Que possamos também reconhecer que tu continuas enviando profetas para falar a verdade. Amém!

Catequista: Muitas vezes vemos os cientistas anunciando que a água doce já está em falta no Planeta. Eles alertam que é para cuidar da água, pois ela poderá faltar em muitas cidades. Essas pessoas enxergam mais longe, pensam no futuro a partir da realidade atual. Os profetas, inspirados por Deus, também são pessoas que olham para a frente, percebem os problemas de hoje e pedem mudança de rumo, para que não ocorra um problema maior no futuro.

▶ Catequizando lê: Jr 1,4-10. Catequista lê: Jr 1,4-10 e ao final diz:

Catequista: Palavra do Senhor!

Todos: Graças a Deus!

O QUE A PALAVRA DIZ?

▶ Na mesa com cadeiras.
Todos voltam para a mesa e procuram o texto na Bíblia; em seguida, marcam com caneta ou lápis o trecho de Jr 1,4-10, fazendo uma leitura silenciosa.

Catequista:

a) Quando Jeremias foi preparado para ser profeta?

b) Como respondeu Jeremias?

c) Como Deus lhe respondeu?

d) Por que Jeremias não devia temer?

e) O que fez o Senhor com sua mão?

f) O que o Senhor disse ao tocar a boca de Jeremias?

g) O que Jeremias deveria fazer?

Catequista: Cada um destaca uma palavra, expressão ou frase que chamou sua atenção.

▶ O catequista explica com suas palavras o texto que está abaixo (ou pode ler e comentar o que segue). No livro do catequizando, o que segue está na página 85.

Os profetas

A palavra *profeta* quer dizer *falar com força, falar com entusiasmo*. Profeta é um homem chamado por Deus para transmitir ao povo sua mensagem e falar em nome do Senhor. É alguém do povo, alguém que participa bem de perto das dificuldades da população.

Os profetas eram fiéis à Aliança que Deus tinha feito com o povo, quando entregou a Moisés os Dez Mandamentos. Falavam a verdade. Eram perseguidos por aqueles que achavam exageradas e incômodas as palavras dos profetas. Alguns até eram assassinados para que não falassem mais as verdades.

Deus estava com os profetas. Eles nunca desanimavam. Tinham coragem de denunciar as injustiças. Diante da desobediência do povo, os profetas animavam sua esperança, falando que Deus enviaria um Messias libertador, um Salvador. Diziam que ele curaria os males do mundo.

Catequese sobre os profetas

Profeta não significa aquele que anuncia acontecimentos futuros, como um vidente ou um adivinho. Ele olha a realidade e consegue perceber, nos acontecimentos, o que Deus espera da humanidade.

Hoje existem pessoas que também fazem isso. Ajudam os pobres, trabalham pela paz, falam que é preciso viver com amor e mudar o mundo. Há os que defendem a natureza e os que pedem justiça às crianças abandonadas. Profeta é todo aquele que anuncia um mundo novo e melhor. Para fazer isso, muitas vezes o profeta precisa questionar o nosso jeito de viver e ver a realidade.

O CATECISMO DA IGREJA CATÓLICA N. 64
▶ Para o catequista aprofundar.

64. Pelos profetas, Deus forma o seu povo na esperança da salvação, na expectativa de uma aliança nova e eterna, destinada a todos os homens, e que será gravada nos corações. Os profetas anunciam uma redenção radical do povo de Deus, a purificação de todas as suas infidelidades, uma salvação que abrangerá todas as nações. Serão, sobretudo, os pobres e os humildes do Senhor os portadores dessa esperança.

TESTEMUNHO

O catequista mostra como ainda hoje há muitos profetas que falam de paz e nem sempre são compreendidos. Citar exemplos e mostrar situações onde nem sempre se diz a verdade e muitos sofrem pelo silêncio da maioria. Somente o profeta ousa falar, e, por isso, nem sempre é aceito.

ATIVIDADE

- Colocar sobre a mesa imagens de jornais, revistas e reportagens.
- Deixar o grupo observá-las em silêncio.
- Cada um escolhe a reportagem que mais lhe chamou atenção.
- Em seguida, cada um comenta por que a realidade que escolheu precisa de um profeta.

VIVER O BATISMO É FALAR A VERDADE

▶ No livro do catequizando, o que segue está na página 86.

O Batismo nos faz participantes da missão de Jesus Cristo como profetas. Somos profetas quando anunciamos o Plano de Deus, falando a verdade e desmascarando a mentira.

Que tipo de verdades o mundo precisa ouvir hoje?

▶ (Estimular os catequizandos ao senso de justiça, à dignidade humana e ao direito ao bem comum.)

ORAÇÃO FINAL

▶ Na mesa da Palavra.
Rezar pelas pessoas que denunciam a mentira e promovem um mundo melhor hoje. Se possível, identificar essas pessoas e rezar por elas.
No livro do catequizando, o que segue está na página 86.

Todos: Pai Santo, ensina-nos a olhar este mundo e perceber o quanto nos afastamos de teu plano de amor, e nos mostra como voltar ao caminho da verdade, da justiça, e da paz para todos. Queremos ser mensageiros do teu amor neste mundo. Amém!

PARA O PRÓXIMO ENCONTRO
▶ No livro do catequizando, o que segue está na página 86.

Procurar em jornais e revistas, na internet ou na televisão, notícias sobre pessoas que são verdadeiros profetas na atualidade. Pessoas que levam a esperança, encorajam os povos e buscam a verdade.

VAMOS CANTAR: "PROFETA"
▶ No CD, faixa 26.
No livro do catequizando, o que segue está na página 87.

Antes de te formares / dentro do ventre de tua mãe
Eu já te conhecia e consagrei / pra ser profeta das nações
Já conhecia teu nome / sabia que eras meu
E teu coração relutava em dizer: / Senhor, aqui estou

Serás profeta das nações / irás onde eu mandar
Irei em ti amar meu povo / vai em meu nome
Vai em meu nome / evangelizar

Quiseste me dizer / que eras muito jovem pra sair
Que não sabias falar, sentias medo /
e que o melhor era eu desistir
Não tenhas medo filho / estou contigo, vai
Irás arrasar, destruir e plantar / uma nova nação

Serás profeta das nações / irás onde eu mandar
Irei em ti amar meu povo / vai em meu nome
Vai em meu nome / evangelizar.

27 O MESSIAS ESPERADO
(MATEUS 11,2-6)

PREPARAR

Imagem do Menino Jesus, papéis, tesoura e lápis de cor.

ACOLHIDA
▶ Na mesa com cadeiras.

- Recordar os fatos da semana.
- Conferir as notícias registradas sobre os profetas atuais.

MESA DA PALAVRA
▶ Na mesa da Palavra.

Catequista: Iniciemos nosso encontro mergulhando nossa mão na água que recorda o nosso Batismo.

▶ Dar tempo para todos realizarem o rito.

Catequista: Vamos acender a vela, símbolo da nossa fé que ilumina nossos dias, cantando:

Tua Palavra é lâmpada para meus pés, Senhor. Lâmpada para meus pés, Senhor. Luz para o meu caminho. (2 vezes)

ORAÇÃO INICIAL

Todos: Jesus, amado do Pai, toda Bíblia aponta para ti. Tu és o começo, o centro e o fim de toda caminhada do povo de Deus. Desse povo, nós também fazemos parte. Tu és o motivo de nossa catequese e causa da nossa alegria de viver. Nós te louvamos e te agradecemos. Amém!

Catequista: Diante de toda a história da salvação que veio antes de Jesus, dá para entender por que o povo esperava alguém muito especial. Ele foi prometido muitos anos antes de nascer. Os profetas falavam dele sem saber quem seria. Um dia, na hora certa, ele chegou. Jesus é a realização de todas as promessas do passado. Tudo aponta para ele.

▶ Catequizando lê: Mt 11,2-6. Catequista lê: Mt 11,2-6 e ao final diz:

Catequista: Palavra do Senhor!

Todos: Graças a Deus!

O QUE A PALAVRA DIZ?
▶ Na mesa com cadeiras.
Todos voltam para a mesa e procuram o texto na Bíblia; em seguida, marcam com caneta ou lápis o trecho de Mt 11,2-6, fazendo uma leitura silenciosa.

Catequista:

a) Onde estava João?

b) Quem ele enviou para falar com Jesus?

c) O que mandou perguntar?

d) O que Jesus respondeu?

e) O que o Messias Jesus fazia aos cegos, paralíticos, leprosos, surdos, mortos e pobres?

f) Quem é feliz para Jesus?

Catequista: Cada um destaca uma palavra, expressão ou frase que chamou sua atenção.

▶ O catequista explica com suas palavras o texto que está abaixo (ou pode ler e comentar o que segue). No livro do catequizando, o que segue está na página 88.

O novo povo de Deus: os cristãos

A chegada de Jesus foi preparada e aguardada pelo povo. A promessa de salvação feita por Deus acontece de forma especial em Jesus Cristo. Nele a Aliança se renova. Deus escolhe novamente um povo eleito para que as pessoas sejam salvas por meio de seu nome: são os cristãos, os seguidores de Jesus Cristo. Jesus é o esperado, o ungido.

Catequese sobre o Messias, ou Cristo

Jesus é o ungido de Deus, aquele que foi abençoado para nos trazer a paz. Ele é o próprio Deus que vem nos visitar. Depois de falar com Abraão, Jacó, Moisés e os profetas, Deus decide vir ele mesmo ao mundo. O Pai envia seu Filho até nós. A espera do Messias sempre esteve presente na história do povo judeu. Jesus cumpriu a promessa de Deus e não existe ninguém maior do que Jesus. Ele chegou e trouxe vida para todos. Ele é tudo para nós, é nossa alegria. A palavra Messias em hebraico é traduzida pelo grego como "Cristo" e sempre significa o "Ungido", o "Enviado".

O CATECISMO DA IGREJA CATÓLICA N. 436
▶ Para o catequista aprofundar.

436. *Cristo* vem da tradução grega do termo hebraico "Messias", que quer dizer "ungido". Só se torna nome próprio de Jesus porque ele cumpre perfeitamente a missão divina que tal nome significa. Com efeito, em Israel, eram ungidos, em nome de Deus, aqueles que eram consagrados para uma missão dele dimanada. Era o caso dos reis, dos sacerdotes e, em raros casos, dos profetas. Este devia ser, por excelência, o caso do Messias, que Deus enviaria para estabelecer definitivamente o seu Reino. O Messias devia ser ungido pelo Espírito do Senhor, ao mesmo tempo, como rei e sacerdote, mas também como profeta. Jesus realizou a expectativa messiânica de Israel na sua tríplice função: de sacerdote, profeta e rei.

TESTEMUNHO

O catequista testemunha a alegria de seguir Jesus. Pode perguntar aos catequizandos o que eles aprenderam neste tempo da catequese a respeito de Jesus. Mostrar que, mesmo sem saber, Abraão, Moisés e todos os profetas foram preparando a chegada do Messias, centenas de anos antes de Jesus vir a este mundo.

ATIVIDADE

Colocar a imagem do Menino Jesus no centro da mesa. Ele é o centro da nossa vida, da Bíblia e da história. Tudo aponta para ele. Vamos fazer setas que apontem para Jesus. Em cada uma vamos escrever nomes de pessoas ou grupos do Antigo Testamento que esperavam pelo Messias, desde Abraão até os profetas. Ao final, vamos cantar diante da imagem de Jesus.

VIVER O BATISMO É RENOVAR NOSSO COMPROMISSO COM CRISTO

▶ No livro do catequizando, o que segue está na página 89.

Quando renovamos as promessas do Batismo, declaramos que cremos em Jesus. O batizado faz parte da comunidade dos seguidores de Jesus. Nós dizemos publicamente que nele está a salvação para todos. Na celebração de encerramento de nossa etapa de catequese, vamos renovar as promessas do nosso Batismo. Passamos todo tempo desta etapa conhecendo o sacramento que recebemos quando éramos bebês; agora podemos renovar tudo o que naquele dia nossos pais e padrinhos prometeram em nosso nome.

RENOVAÇÃO DAS PROMESSAS DO BATISMO

Catequista: Vocês creem em Deus Pai todo-poderoso, criador do céu e da terra?

Todos: Creio!

Catequista: Vocês creem em Jesus Cristo, seu único Filho, nosso Senhor, que nasceu da Virgem Maria, padeceu[1] e foi sepultado, ressuscitou dos mortos e subiu ao céu?

Todos: Creio!

Catequista: Vocês creem no Espírito Santo, Senhor e fonte da vida?

Todos: Creio!

Catequista: Vocês creem na Santa Igreja Católica, na comunhão dos santos,[2] na remissão dos pecados,[3] na ressurreição dos mortos[4] e na vida eterna?[5]

---

[1] Padeceu significa sofreu.

[2] Comunhão dos santos significa a comum união que existe entre os cristãos no céu (que já morreram) e nós, que caminhamos na Terra seguindo Jesus. Todos estão unidos na oração comum, formamos uma unidade dos que amam Jesus.

[3] Remissão dos pecados significa crer no perdão dos pecados, o qual a Igreja confere através do sacramento da Penitência.

[4] Ressurreição dos mortos é a vida nova que os mortos receberão com Jesus, não uma vida que se repete neste mundo, mas no mundo novo onde Deus reina para sempre.

[5] A vida eterna é a vida que virá depois da morte, quando Deus será tudo para nós e jamais morreremos.

Todos: Creio!

Catequista: Esta é a nossa fé, que da Igreja recebemos e sinceramente professamos, razão de nossa alegria em Cristo, nosso Senhor.

Todos: Amém!

ORAÇÃO FINAL
▶ Na mesa da Palavra.
Sugerir a cada catequizando agradecer a Cristo por tudo o que ele representa na vida de cada pessoa.
No livro do catequizando, o que segue está na página 90.

Todos: Jesus, nosso amigo, que quiseste fazer parte de nossa vida. Tu vieste com tua bondade trazer ao mundo a ternura e o amor. Reconhecemos que tu és a realização de todas as promessas do Pai. Permanece sempre conosco, Senhor. Amém!

PARA O PRÓXIMO ENCONTRO
▶ No livro do catequizando, o que segue está na página 90.

Providenciar um alimento ou bebida para ser partilhado na festa de encerramento.

VAMOS CANTAR: "JESUS"
▶ No CD, faixa 27.
No livro do catequizando, o que segue está na página 90.

Jesus é minha luz, iluminou / é Ele o Messias, libertador
Não há amor maior que em seu coração / já digo a todos, não diga não

/ : Não digo não a este Jesus / só digo sim eu quero a luz
A minha vida só brilhará / se me deixar iluminar: /

Nos revelou o Pai, fonte do amor / entregou-se na cruz, é o salvador
O mundo não o acolheu, o crucificou /
mas não ficou na morte, ele ressuscitou

Eu quero aprender dele a lição / seguir sua Palavra é renovação
Mesmo diante da dor, vou acreditar na força deste amor, me deixar levar.

28 SEGUIR O CAMINHO
(2 TIMÓTEO 3,14-15)

▶ O texto bíblico deste encontro retoma o texto do primeiro encontro desta caminhada. Trata-se, agora, de perceber um novo olhar sobre as Escrituras. Cabe ao catequista mostrar o quanto o grupo cresceu na escuta da Palavra para permanecer firme na fé.

PREPARAR

Comidas e bebidas para a festa da partilha. Preparar material para a *floresta bíblica*. Fazer pequenas de árvores de cartolina. Em cada árvore escrever um destes personagens (sem colocar o número): 1. Adão e Eva. 2. Noé. 3. Abraão e Sara. 4. Jacó. 5. José. 6. Escravidão. 7. Moisés. 8. Páscoa. 9. A lei. 10. Juízes. 11. Reis. 12. Profetas. 13. João Batista. 14. Maria. 15. Jesus.

Escolher um local para colocar um barbante e prendedores, como se fosse um varal, onde serão fixadas as árvores. Importante é que os catequizandos possam colocar uma árvore ao lado da outra e identifiquem a sequência certa.

ACOLHIDA
▶ Na mesa com cadeiras.

- Recordar os fatos da semana.

MESA DA PALAVRA
▶ Na mesa da Palavra.

Catequista: Iniciemos nosso encontro mergulhando nossa mão na água que recorda o nosso Batismo.

▶ Dar tempo para todos realizarem o rito.

Catequista: Vamos acender a vela, símbolo da nossa fé que ilumina nossos dias, cantando:

Tua Palavra é lâmpada para meus pés, Senhor. Lâmpada para meus pés, Senhor. Luz para o meu caminho. (2 vezes)

ORAÇÃO INICIAL

Todos: Pai santo, estamos no final desta etapa da catequese. Nesse caminho, conhecemos como tu és o Criador de tudo e que nos ama apesar de nossas infidelidades. Reconhecemos que Jesus Cristo foi enviado para nos abrir os olhos e o coração para o amor. Obrigado, Pai santo, obrigado por Jesus Cristo, nosso Senhor. Amém!

Catequista: Chegamos ao fim desta etapa da catequese. Nos encontros, refletimos sobre o nascimento, a vida, a morte e a ressurreição de Jesus. Depois, vimos como o Antigo Testamento aponta para Jesus. De Abraão até os profetas, há uma história marcada por alegrias e tristezas, de homens e mulheres que trilharam o caminho do povo de Deus. Também somos parte dessa família. De todo o tempo da catequese, qual a passagem da Bíblia que mais chamou a sua atenção e por quê?

▶ Catequizando lê: 2Tm 3,14-17. Catequista lê: 2Tm 3,14-17 e ao final diz:

Catequista: Palavra do Senhor!

Todos: Graças a Deus!

O QUE A PALAVRA DIZ?

▶ Na mesa com cadeiras.
Todos voltam para a mesa e procuram o texto na Bíblia; em seguida, marcam com caneta ou lápis o trecho de 2Tm 3,14-17, fazendo uma leitura silenciosa.

Catequista:

a) São Paulo, ao escrever uma carta para seu amigo Timóteo, sugere que ele permaneça firme em quê?

b) Desde quando ele aprendeu?

c) O que ele aprendeu?

d) O que comunica as Sagradas Escrituras?

Catequista: Cada um destaca uma palavra, expressão ou frase que chamou sua atenção.

▶ O catequista explica com suas palavras o texto que está abaixo (ou pode ler e comentar o que segue). No livro do catequizando, o que segue está na página 92.

Recordar o caminho percorrido

Na conclusão desta etapa, recordamos todo caminho percorrido e ouvimos um texto que fala sobre a História da Salvação que está nas Sagradas Escrituras. Paulo, ao escrever ao seu amigo Timóteo, fala também a nós. O que esse texto alerta para o nosso grupo que está concluindo esta etapa da catequese?

Catequese sobre o seguimento de Jesus

Ouvimos muitas histórias importantes desde Abraão até Jesus Cristo. Elas estão na Bíblia, que chamamos de Sagradas Escrituras. Tudo foi escrito para que soubéssemos como Deus acompanhou seu povo eleito e jamais o abandonou. Nós, cristãos, somos esse povo também, por isso temos a certeza de que seguir Jesus Cristo é encontrar a estrada mais certa para chegar à felicidade.

O CATECISMO DA IGREJA CATÓLICA N. 425
▶ Para o catequista aprofundar.

425. A transmissão da fé cristã é, antes de mais nada, o anúncio de Jesus Cristo para levar à fé nele. Desde o princípio, os primeiros discípulos arderam no desejo de anunciar Cristo: "Nós é que não podemos deixar de dizer o que vimos e escutamos" (At 4,20). Hoje, a Igreja convida os homens de todos os tempos a entrarem na alegria de uma comunhão com Cristo.

TESTEMUNHO

O catequista testemunha a alegria de ter realizado a caminhada desta etapa e expressa seus sentimentos de esperança para com o grupo.

ATIVIDADE

A floresta bíblica

Cada catequizando receberá uma árvore com o nome de um personagem bíblico (se o grupo for pequeno, entregar mais de uma árvore para cada catequizando). Em seguida, cada um poderá recordar a história de seu personagem.

O catequista propõe que alguém comece falando de Adão e Eva; em seguida, o catequizando coloca a árvore no varal preparado. O catequista pergunta: quem sabe qual é o personagem que segue? É Noé. E assim por diante. Ao final, todos podem cantar a música.

VIVER O BATISMO É LEMBRAR DOS PADRINHOS
▶ No livro do catequizando, o que segue está na página 92.

Na celebração final desta etapa, vamos renovar as promessas do nosso Batismo. Seria importante convidar seus padrinhos de Batismo para participarem deste momento.

▶ O catequista revisa as respostas às perguntas da Renovação das Promessas do Batismo que estão no Encontro 27.

ORAÇÃO FINAL
▶ Na mesa da Palavra.
 No livro do catequizando, esta benção está na página 92.

Vamos concluir nossos encontros com uma bênção. Ela foi tirada do Antigo Testamento, do Livro dos Números. É chamada "Bênção de Aarão", o irmão de Moisés.

Catequista: Deus te abençoe e te guarde!

Todos: Amém!

Catequista: Ele te mostre a sua face e se compadeça de ti!

Todos: Amém!

Catequista: Volva para ti o seu olhar e te dê a sua paz!

Todos: Amém!

PARA O PRÓXIMO ENCONTRO
▶ No livro do catequizando, o que segue está na página 92.

- O encontro termina com a partilha dos alimentos em clima de festa.
- Combinar o retorno para a etapa seguinte:
    - A próxima etapa se iniciará em _____
    - As inscrições da catequese serão em _____

VAMOS CANTAR: "DEUS CAMINHA CONOSCO"

▶ No CD, faixa 28.
No livro do catequizando, o que segue está na página 93.

*Vinde e vede quem está passando /
poderá mudar a mim e a você
Marcas me deixou pela conversa /
que um dia com Ele fiz e eu permiti
Eu quero que Ele fale a você /
preciso repartir o que encontrei*

**É Jesus que passa, e o coração me abrasa /
porque Ele me ama
Já não posso mais viver sem esta paz /
meu coração reclama /
mas também eu quero
repartir contigo o que encontrei /
mais do que imaginei /
é muito mais que amigo**

*Ele revelou que Deus é Pai /
suas palavras e seus gestos são de luz
Quem quiser ficar unido a Ele /
encontrará perdão e muito amor
Está sempre conosco a caminhar /
Ele é o nosso salvador*

CELEBRAÇÕES

CELEBRAÇÃO DE INÍCIO DO ANO CATEQUÉTICO

1. No dia marcado, todos os catequizandos se reúnem à porta da igreja com seus catequistas.

2. Reservar os primeiros bancos da igreja para eles.

3. O coordenador da catequese paroquial deve preparar uma lista com o nome de todos os catequizandos e de seus catequistas.

4. Distribuir para todos os catequizandos o folheto com este rito, para poderem responder às indagações.

5. Todos devem entrar em procissão. Após o sinal da cruz, realizar o rito de abertura da catequese.

6. Ao final da celebração, é interessante que cada catequista distribua a seus catequizandos um sinal de boas-vindas (um pirulito, uma bala ou um bombom acompanhado de um cartão).

1. Comentário inicial: Sejam todos bem-vindos a esta celebração. Nossa comunidade tem a alegria de receber, hoje, os catequistas e os catequizandos que, neste ano, iniciarão o caminho da catequese. Saudamos também seus familiares que celebram conosco. Unidos, celebremos a paixão, morte e ressurreição do Senhor Jesus. Acompanhemos a procissão de entrada cantando.

2. Canto de entrada.

3. Procissão com todos os catequizandos que se colocam nos lugares para eles reservados.

4. Sinal da cruz e saudação da missa.

5. Apresentação dos catequizandos.

Catequista: Todos podem sentar. (Pausa) Prezado padre (ou diácono, ou ministro), aqui estão nossos catequizandos deste ano. Alguns estão iniciando o processo catequético, e outros darão continuidade à caminhada.

Presidente: Quem são eles?

Catequista: Queiram ficar em pé aqueles que participarão da catequese neste ano.

Presidente: Apresente, por favor, os nomes de todos eles.

▶ É entregue a lista ao presidente da celebração.

Catequista: São estes os nomes dos que irão frequentar a catequese neste ano.

▶ O presidente da celebração recebe a lista com o nome dos catequizandos.

Presidente: Meus irmãos e minhas irmãs catequizandos, o que vocês pedem à Igreja?

Catequizandos: Queremos aprender o caminho para seguir Jesus Cristo.

Presidente: O que isso dará a vocês?

Catequizandos: A felicidade e a vida eterna.

Presidente: Em nome da Igreja, eu recebo cada um de vocês para participar da catequese. Como vocês já foram batizados e creem em Cristo, acolhemos todos com muita alegria. Alguns estão iniciando, outros estão dando continuidade ao processo de conhecer para mais amar Jesus Cristo e a sua família, que é a Igreja. Conosco, vocês vão procurar viver como filhos e filhas de Deus, como Cristo nos ensinou. Devemos amar a Deus de todo coração e nos amar uns aos outros como ele nos amou.

Pedimos agora que um representante de cada família se aproxime de vocês para darem a licença. O familiar pode colocar a mão sobre o ombro do catequizando.

▶ Esperar que todos se aproximem.

Presidente: Prezados familiares, seus filhos pedem que os preparemos para seguir Jesus Cristo por meio da catequese. Vocês estão de acordo com esse desejo deles?

Familiares: Estamos.

Presidente: Vocês estão dispostos a ajudar e a fazer parte da caminhada que eles percorrerão, especialmente frequentando sempre mais esta comunidade cristã?

Familiares: Estamos.

Presidente: Para continuarem o caminho já iniciado no Batismo, estas crianças e jovens precisam do auxílio de nossa fé e de nossa caridade. Eles precisarão do apoio da comunidade, pois são todos nossos irmãos e irmãs mais novos. Peço, portanto, que toda a comunidade se coloque de pé.

Vocês estão dispostos a acolher com muita alegria estes catequizandos, servindo de exemplo e os animando para que se fortaleçam no caminho?

Todos: Estamos.

Presidente: Queridos catequizandos e queridas catequizandas, acolhemos vocês nesta casa que é também sua. Bem-vindos. Ao iniciar este ano catequético, acompanhamos vocês com nossas orações e manifestamos nossa alegria com uma salva de palmas.

▶ Bater palmas.

Ao final desta celebração, cada um de vocês procure seu catequista para receber um sinal de boas-vindas. Agora venham conosco para ouvir o Senhor que nos vai falar através de sua Palavra e para rezar conosco. Podem ocupar o seu lugar nesta celebração.

▶ Nas preces da comunidade, sugere-se elaborar uma prece em favor dos catequizandos que iniciam o ano catequético e de seus catequistas.

CELEBRAÇÃO COM RITO DE ENTREGA DA PALAVRA

PREPARAR

Cada catequizando leva sua Bíblia para a celebração, e o catequista providencia uma forma de colocar o nome da criança na capa. Os catequistas recolhem e organizam a entrega dessas Bíblias na celebração.

▶ Atenção: o centro está na Palavra de Deus contida na Bíblia, e não no livro. É necessário que os presbíteros e catequistas compreendam que o gesto ritual recorda a entrega da tradição recebida em torno da Sagrada Escritura, por isso, o livro bíblico já foi adquirido pela criança, mas a entrega da "Palavra" é realizada pela comunidade. Sem esse esclarecimento, muitos não entenderão por que devem receber, na celebração, um livro que já lhes pertence. Outra observação: não se abençoam as Bíblias, pois o livro contém a Palavra de Deus.

ESTRUTURA DA CELEBRAÇÃO

a) Segue a celebração como de costume.
b) Antes da Liturgia da Palavra, os catequizandos são chamados diante da Mesa da Palavra.
c) Feito o rito de entrega, os catequizandos voltam aos seus lugares e participam da celebração.

LITURGIA DA PALAVRA

Catequista: Aproximem-se da mesa da Palavra os catequizandos que receberão a Bíblia, Palavra de Deus.

▶ Enquanto se aproximam, pode-se cantar o refrão de um cântico sobre a Palavra.

Presidente: Recebam o livro da Sagrada Escritura, que contém a Palavra de Deus. Escutem com atenção toda Palavra que sai da boca de Deus. Acolham de coração tudo o que ela contém. Deixem, sobretudo, que Jesus entre em sua vida como ocorreu com os apóstolos. Creiam no que vocês receberão na catequese e não se cansem de buscar o Senhor Jesus, que sempre revela seu grande amor por todos nós.

▶ O catequizando se ajoelha diante do celebrante para receber a Palavra.
O presidente pega a Bíblia e entrega ao catequizando, proferindo estas palavras:

Presidente: Recebe a Palavra de Deus. Crê no que leres, vive o que creres e anuncia Jesus com tua vida.

Catequizando: Amém!

▶ O catequizando recebe e beija o livro, retornando ao seu lugar.
Se o número de catequizandos impedir essa entrega pessoal, sugere-se que o presidente da celebração faça a entrega apenas a um catequizando e imponha as mãos sobre a cabeça dos demais. Em seguida, prossegue-se à celebração com a primeira leitura da Liturgia da Palavra.

CELEBRAÇÃO COM ENTREGA DO ROSÁRIO (TERÇO)

PREPARAR

- Água benta.
- Terços ou rosários para serem entregues a cada um dos catequizandos.
- O rito começa quando estiver concluída a oração depois da comunhão.

APÓS A ORAÇÃO DEPOIS DA COMUNHÃO

Catequista: Aproximem-se os que irão receber o terço da Virgem Maria.

▶ Os catequizandos colocam-se de pé, de frente para o altar.

Catequista: Queridas crianças, Deus utiliza-se de sinais simples para manifestar seu amor. O terço é um deles. Ele é um convite para a oração. Embora se invoque repetidas vezes o nome de Maria, o terço tem Jesus como centro. A cada dezena, meditamos um mistério da vida de Cristo. Com alegria, vamos receber hoje o terço da Virgem Maria. Acompanhemos a bênção sobre eles.

Presidente: Concedei, ó Deus todo-poderoso, que, na devota recitação do terço, os vossos fiéis saibam recorrer, confiantes, à bem-aventurada Virgem Maria e possam, meditando os mistérios do Cristo Jesus, aplicar na vida o que recordam na oração. Por Cristo, nosso Senhor.

Todos: Amém!

▶ Aspergir os terços com água benta.

Presidente: Pela recordação dos mistérios da vida, morte e ressurreição de nosso Senhor e em honra da Virgem Maria, Mãe de Cristo e Mãe da Igreja, os que usarem estes terços para rezar com devoção sejam abençoados em nome do Pai e do Filho e do Espírito Santo.

Todos: Amém!

▶ Em seguida, quem preside entrega um terço para cada criança. Se o grupo for grande, os catequistas ajudam.

Catequista: Ave, Maria...

▶ Repetir durante a entrega de cada terço.

Presidente: Aos familiares, queremos recordar um conselho do Papa São João Paulo II: "Rezar o Rosário pelos filhos e, mais ainda, com os filhos, educando-os desde tenra idade para este momento diário de 'paragem orante' da família, não traz por certo a solução de todos os problemas, mas é uma ajuda espiritual que não se deve subestimar". Prezados familiares, procurem momentos para rezar com seus filhos. Isso fará um grande bem a toda a família.

▶ Segue a bênção final da celebração.

CELEBRAÇÃO COM ENTREGA DO PAI-NOSSO

PREPARAR

- A oração do Pai-Nosso para cada um dos catequizandos.

ESTRUTURA DA CELEBRAÇÃO

Após a doxologia "Por Cristo, com Cristo...", antes de rezar o Pai-Nosso, seguir o roteiro proposto a seguir.

ANTES DE CONVIDAR PARA REZAR O PAI-NOSSO

Catequista: Aproximem-se os que irão receber da Igreja a oração que o Senhor Jesus nos ensinou: o Pai-Nosso.

▶ Os catequizandos colocam-se de pé, voltados para o altar.

Presidente: Meus irmãos e minhas irmãs, vocês vão receber e rezar com a comunidade a oração do Pai-Nosso. Que essa oração seja fonte de intimidade com o Pai de Jesus. Desde os tempos antigos, no Batismo e na Confirmação, a entrega da oração do Senhor significa um novo nascimento para a vida divina. Mesmo que vocês já saibam rezá-la, procurem viver cada palavra dessa oração.

▶ Quem preside a celebração entrega o Pai-Nosso aos catequizandos. Se o grupo for muito grande, pode pedir aos catequistas que auxiliem na entrega.

Presidente: Obedientes à Palavra do Salvador e guiados pelo seu divino ensinamento, ousamos dizer:

Todos: Pai nosso...

▶ Ao final do Pai-Nosso, os catequizandos permanecem diante do altar, enquanto o sacerdote conclui:

Presidente: Livrai-nos de todos os males, ó Pai...

Todos: Vosso é o Reino, o poder e a glória para sempre.

Presidente: Senhor Jesus Cristo, dissestes aos vossos apóstolos...

Todos: Amém!

Presidente: A paz do Senhor esteja sempre convosco.

Todos: O amor de Cristo nos uniu.

▶ Abraço da Paz.
Em seguida, todos voltam para os seus lugares e se prossegue com a celebração.

CELEBRAÇÃO COM ENTREGA DA LEI DE DEUS

PREPARAR

- Para cada catequizando, produzir um cartão colocando nele um coração de papel onde esteja escrita a frase: *Amai-vos uns aos outros como eu vos amei*.
- Reservar lugares para os catequizandos.
- Cada turma de catequese traz consigo as tábuas da lei confeccionadas no encontro sobre os Dez Mandamentos.

ESTRUTURA DA CELEBRAÇÃO

As crianças, reunidas por turma, e seus catequistas entram na procissão de entrada. Cada turma carrega as tábuas da lei (os Dez Mandamentos) confeccionadas no encontro de catequese. Todos ocupam os lugares que lhes foram reservados. As tábuas da lei são depositadas perto da Mesa da Palavra. A missa segue como de costume. Após a oração depois da comunhão, desenvolve-se o rito de entrega da lei de Deus.

CONCLUÍDA A ORAÇÃO PÓS-COMUNHÃO

Catequista: Aproximem-se os catequizandos que receberão a Lei de Deus.

▶ Os catequizandos colocam-se de pé, voltados para o altar.

Presidente: Meus irmãos e minhas irmãs, vocês aprenderam, na catequese, que Deus fez com Moisés uma Aliança. Deus promete sempre cuidar do povo, mas os israelitas deveriam observar os mandamentos de Deus. Esses mandamentos são chamados de "Lei de Deus". Vocês trouxeram as tábuas da lei que preparam no encontro de catequese. Vamos recordar os Dez Mandamentos?

▶ Se possível, fazer com que toda a comunidade recorde e proclame em voz alta.

Três estão relacionados diretamente a Deus:

1. Amar a Deus sobre todas as coisas.
2. Não tomar seu santo nome em vão.
3. Guardar domingos e festas.

Sete estão mais ligados à nossa relação com as pessoas:

4. Honrar pai e mãe.
5. Não matar.
6. Não levantar falso testemunho.
7. Não roubar.
8. Não pecar contra a castidade.
9. Não desejar a mulher do próximo.
10. Não cobiçar as coisas alheias.

▶ Quem preside recebe os cartões com os corações.

Presidente: Essa lei é muito importante, mas Jesus resumiu todos esses mandamentos em uma frase; esta é a nossa lei. Ela não vai contra a lei do tempo de Moisés, mas ela avança, pois pede que saibamos perdoar, partilhar e até dar a vida pelas pessoas, como fez Jesus. Essa lei é chamada de "Novo Mandamento". É o mandamento do amor. Ela pode ser sintetizada na frase que está escrita nesses corações de papel que vocês vão receber. Eles recordam o coração de Cristo.

▶ Quem preside entrega os cartões com os corações para cada catequizando.

Presidente: Agora todos são convidados a dizer juntos, em voz alta, a frase que sintetiza a Lei do Amor: "Amai-vos uns aos outros como eu vos amei".

▶ Todos proclamam a frase.

Presidente: O centro desse amor está nas palavras: "Como eu vos amei".

Por isso, crianças, vivamos como Jesus nos amou e pratiquemos a lei do amor. Convido toda a comunidade a cantar, para recordar o que Jesus nos pede e depois praticar este ensinamento:

Amar como Jesus amou
Sonhar como Jesus sonhou
Pensar como Jesus pensou
Viver como Jesus viveu

Sentir o que Jesus sentia
Sorrir como Jesus sorria
E ao chegar ao fim do dia
Eu sei que eu dormiria
Muito mais feliz.

▶ Procede-se à bênção final.

ENCERRAMENTO DA CATEQUESE E RENOVAÇÃO DAS PROMESSAS DO BATISMO

PREPARAÇÃO

- Cruz para a procissão de entrada.
- Círio pascal aceso e colocado ao lado da Mesa da Palavra.
- Velas para todos os catequizandos.
- Uma rede de pesca.

▶ Cada criança entra na procissão levando um peixe de papel com seu nome, para ser colocado na rede durante os ritos iniciais.

ACOLHIDA

Catequista: Sejam todos bem-vindos. Acolhemos especialmente as crianças que estão concluindo o primeiro ano de catequese eucarística. Após um ano refletindo sobre a beleza de iniciar a vida cristã, nesta celebração, elas renovarão as promessas do Batismo. Com muita alegria, iniciemos a celebração da paixão, morte e ressurreição de Jesus, acompanhando a procissão de entrada, cantando.

▶ Entra a cruz, logo após os catequistas carregando a rede, em seguida as crianças segurando os peixes de papel com seus nomes e, por fim, os ministros do altar.

SAUDAÇÃO INICIAL

Presidente: Em nome do Pai, do Filho e do Espírito Santo!

Todos: Amém!

Presidente: Que o Deus da esperança, que nos cumula de toda alegria e paz em nossa fé, pela ação do Espírito Santo, esteja convosco!

Todos: Bendito seja Deus que nos reuniu no amor de Cristo!

Presidente: Com alegria acolhemos as crianças que concluem a primeira etapa da catequese de iniciação eucarística. Elas ouviram a Palavra do Senhor e acolheram a sua voz, por isso os catequistas trazem a rede de pescar, visto que ela representa a Igreja. Somos a comunidade do Senhor. Neste momento, convido as crianças para que coloquem seu nome na rede, pois os nomes fazem parte da Igreja que escuta a voz do Senhor para pôr em prática sua Palavra. Unidos formamos uma rede de amigos e irmãos.

▶ Pode-se cantar um cântico conhecido da comunidade, por exemplo: "A barca".
A celebração segue com o Ato Penitencial.

APÓS A HOMILIA

Catequista: Aproximem-se os catequizandos que irão renovar suas promessas batismais.

▶ Catequizandos e catequistas colocam-se de pé, diante do altar, e recebem a vela.

Presidente: Irmãos e irmãs, o Batismo nos faz cristãos, e, por meio dele, nascemos para a Igreja, nossa mãe. Somos a família de Deus. Reunidos em comunidade, queremos hoje renovar as promessas do Batismo com estes nossos irmãos que estão na catequese. Convidamos os catequistas para acenderem suas velas no círio pascal, sinal do Ressuscitado que vive entre nós. Em seguida, os catequistas acenderão as velas de seus catequizandos.

▶ Pode-se entoar um canto apropriado enquanto se acendem as velas, por exemplo: "Sim, eu quero".

Presidente: Irmãos e irmãs, pelo mistério pascal, fomos, no Batismo, sepultados com Cristo para vivermos com ele uma vida nova. Por isso, renovemos as promessas do nosso Batismo, por meio das quais já renunciamos ao mal e prometemos servir a Deus em sua Igreja.

Presidente: Para viver na liberdade dos filhos e filhas de Deus, renunciais ao pecado?

Todos: Renuncio.

Presidente: Para viver como irmãos e irmãs, renunciais a tudo o que vos possa desunir, para que o pecado não domine sobre vós?

Todos: Renuncio.

Presidente: Para seguir Jesus Cristo, renunciais ao demônio, autor e princípio do pecado?

Todos: Renuncio.

Presidente: Credes em Deus Pai todo-poderoso, criador do céu e da terra?

Todos: Creio.

Presidente: Credes em Jesus Cristo, seu único Filho, nosso Senhor, que nasceu da Virgem Maria, padeceu e foi sepultado, ressuscitou dos mortos e subiu ao céu?

Todos: Creio.

Presidente: Credes no Espírito Santo, na santa Igreja Católica, na comunhão dos santos, na remissão dos pecados, na ressurreição dos mortos e na vida eterna?

Todos: Creio.

Presidente: O Deus todo-poderoso, Pai de nosso Senhor Jesus Cristo, que nos fez renascer pela água e pelo Espírito Santo e nos concedeu o perdão de todo pecado, guarde-nos em sua graça para a vida eterna, no Cristo Jesus, nosso Senhor.

Todos: Amém!

▶ Apagam-se as velas, e todos retornam aos bancos.

PRECES DA COMUNIDADE

Presidente: Apresentemos a Deus-Pai os nossos pedidos, dizendo: "Ficai conosco, Senhor!".

a) Pela Igreja presente no mundo inteiro. Para que todos os seguidores de Jesus testemunhem o amor do Pai, com gestos de acolhida e solidariedade, rezemos...

b) Para que os governos trabalhem pela paz, pelo direito à vida para todos e pela liberdade das pessoas, rezemos...

c) Por todos que concluem esta etapa da catequese. Para que acolham Jesus Cristo em sua vida e saibam amar as pessoas como Jesus amou, rezemos...

d) Pelas famílias aqui presentes. Para que todos cresçam em um ambiente de paz, amor e muito carinho, onde Deus é lembrado e amado sobre todas as coisas, rezemos...

Presidente: Acolhei as preces deste dia, Pai Santo, que fazemos por meio de Jesus Cristo, o Filho do vosso amor que convosco vive e reina na unidade do Espírito Santo.

Todos: Amém!

▶ Segue a celebração com a apresentação das oferendas.

BÊNÇÃO FINAL

Presidente: Convido todas as crianças e seus catequistas para que se aproximem do altar. Esperar que todos se aproximem.

Presidente: Vamos abençoar estas crianças e seus catequistas pelo trabalho realizado neste ano. Antes, porém, convido a comunidade a manifestar sua alegria e a estimular este grupo com um aplauso.

▶ Aplausos.

Presidente: O Senhor esteja convosco.

Todos: Ele está no meio de nós!

Presidente: Senhor, Pai de bondade, derramai vossa bênção paterna sobre estes vossos filhos e filhas que participaram da catequese em nossa comunidade. Concedei-lhes luz, coragem e alegria para viver a mensagem do Evangelho de Jesus, realizando, na Igreja e no mundo, a salvação. Por Cristo, nosso Senhor.

Presidente: E vós todos aqui reunidos, abençoe-vos o Deus todo-poderoso, Pai, Filho e Espírito Santo.

Todos: Amém!

ENCONTROS COM AS FAMÍLIAS E OS CATEQUISTAS

1 DEIXAI AS CRIANÇAS VIREM A MIM
(LUCAS 18,15-17)

PREPARAR

- Recipiente com água benta para cada família levar para casa.
- Água, suco ou cafezinho, e balas ou biscoitos, para receber os pais. Tudo muito simples mas bem acolhedor.

ACOLHIDA

▶ Na mesa com cadeiras.
O catequista dá as boas-vindas e pede que cada família se apresente, dizendo o nome, onde mora etc.

O catequista também se apresenta, podendo falar de sua família, do seu amor por Jesus, de sua caminhada na Igreja e de suas expectativas com a catequese.

Depois, o catequista explica que o objetivo do encontro é:

- conhecer as famílias do grupo de catequese;
- integrar a família na catequese e na comunidade; e
- vivenciar a Leitura Orante da Bíblia com as famílias.

MESA DA PALAVRA

▶ Na mesa da Palavra.

Catequista: Iniciemos nosso encontro mergulhando nossa mão na água que recorda o nosso Batismo.

▶ Dar tempo para todos realizarem o rito.

Catequista: Vamos acender a vela, símbolo da nossa fé que aquece e ilumina nosso caminho, cantando:

Tua Palavra é lâmpada para meus pés, Senhor. Lâmpada para meus pés, Senhor. Luz para o meu caminho. (2 vezes)

ORAÇÃO INICIAL

Todos: Pai santo, nossa fé nos reuniu aqui. Somos teus filhos e formamos uma só família. Queremos pedir tua bênção para o início desta caminhada na catequese. Estamos juntos para conhecer, amar e viver tua Palavra. Pai bondoso, ilumina este encontro. Amém!

▶ Catequizando ou familiar lê: Lc 18,15-17. Catequista lê: Lc 18,15-17 e ao final diz:

Catequista: Palavra da Salvação!

Todos: Glória a vós, Senhor!

O QUE A PALAVRA DIZ?

▶ Na mesa com cadeiras.

Catequista:

a) Por que as pessoas levavam crianças até Jesus?

b) Qual era a reação dos discípulos?

c) O que disse Jesus?

d) A quem pertence o Reino dos céus?

Catequista: Cada um destaca uma palavra, expressão ou frase que chamou sua atenção.

Jesus valoriza as crianças

O catequista explica com suas palavras o texto que segue:

No tempo de Jesus, as crianças não eram valorizadas pelos adultos. Comiam à parte, não conviviam muito com os grandes da casa. Jesus era um mestre importante, os pais queriam que Jesus tocasse em seus filhos para abençoar. Os apóstolos achavam que aquelas crianças fariam Jesus perder tempo, por isso achavam estranho. Jesus, porém, disse que o Reino de Deus é das crianças e que é preciso aprender com elas.

O que elas podem nos ensinar?

▶ Deixar as pessoas falarem.

Catequista: As crianças confiam totalmente nos pais, porque deles dependem. Se não tiver um adulto que cuide das crianças, elas perecerão. Da mesma forma, precisamos confiar totalmente em Deus, pois, sem ele, nós perecemos.

A FAMÍLIA E A CATEQUESE

▶ No livro do catequizando, o que segue está na página 96.

Catequista: Precisamos contar com a família para que a catequese cumpra sua missão de fazer seguidores de Jesus. Para isso, pede-se que alguns compromissos sejam assumidos como sinal de amizade com Deus e confiança na Igreja, que tem a alegria de receber estes catequizandos:

- *Comunidade:* em nosso calendário estão previstas algumas celebrações especiais em comunidade, das quais os catequizandos deverão participar.
- *Família:* em duas ocasiões os catequizandos serão solicitados a realizar, em casa, o encontro com a Palavra de Deus. Os membros da casa são convidados a se reunir ao redor da mesa, tendo sobre ela uma Bíblia e uma vela. Algumas anotações serão feitas pelo catequizando após cada encontro em família.
- *Bênção da casa:* no encontro da família será feita a bênção da casa. Essa água recorda o nosso Batismo, que nos fez participar da vida de Cristo e nos tornou membros da Igreja.
- *História da salvação:* é tema central deste Ano de Catequese. Deus cria tudo, revela-se a Abraão, conduz seu povo, liberta-o da escravidão e promete o Salvador. Os familiares também são convidados a conhecer e a refletir sobre esses temas, conversando com as crianças ou mesmo acompanhando os textos indicados no livro da catequese.
- *Bíblia:* pretende-se iniciar o catequizando na Leitura Orante da Bíblia. Nessa etapa, a criança aprende a localizar as passagens bíblicas e tem noções sobre a história do povo da Bíblia que espera e prepara a chegada do Salvador: Jesus Cristo.
- *Jesus Cristo:* é o centro de toda catequese. É através dele que lemos o Antigo Testamento. Após uma introdução geral à Bíblia, alguns encontros tratam da criação do mundo e da quebra do pacto de amizade com Deus, por meio do pecado. A promessa de Deus é fiel, por isso ele convida Maria para ser Mãe do Salvador. Após tratar de algumas passagens da vida e morte de

Jesus, apresenta-se a ressurreição com o texto dos discípulos de Emaús. Os discípulos recebem de Jesus a explicação das Escrituras. O catequista, baseando-se nessa passagem, fala às crianças sobre as Escrituras do Antigo Testamento, mostrando como elas apontam para Jesus.

- *Batismo:* nesta fase da catequese, será valorizado esse sacramento; na celebração de encerramento será feita a renovação das promessas batismais, e, se possível, seria bom que os padrinhos de Batismo da criança estivessem presentes.
- *Oração:* introduzir a criança na vida de oração da Igreja. A família pode ajudar muito nessa missão. Aos poucos, vamos ajudar as crianças a memorizarem nossas orações, os Dez Mandamentos e os pontos fundamentais da nossa fé.

PARA CONVERSAR
▶ Essas questões não estão no livro do catequizando.

- O catequista dá espaço para que os pais façam perguntas ou peçam esclarecimentos sobre os pontos acima. Igualmente escuta sugestões.
- Em seguida, distribui vidros com água benta.

ORAÇÃO FINAL
▶ Mesa da Palavra.
No livro do catequizando, o que segue está na página 98.

Todos: Senhor Deus, tu nos reuniste para rezar e viver na tua Palavra. Faze com que crianças, familiares e catequistas cresçam na amizade em torno de ti, nosso Pai amoroso. Amém!

BENÇÃO FINAL

Vamos concluir nossos encontros com uma bênção. Ela foi tirada do Antigo Testamento, do Livro dos Números. É chamada bênção de Aarão, o irmão de Moisés.

Catequista: Deus te abençoe e te guarde!
Todos: Amém!
Catequista: Ele te mostre a sua face e se compadeça de ti!
Todos: Amém!
Catequista: Volva para ti o seu olhar e te dê a sua paz!
Todos: Amém!

2 QUEM É JESUS PARA NÓS?
(MARCOS 8,27-30)

PREPARAR

- Um crucifixo.
- Água, suco ou cafezinho, balas ou biscoitos para receber os pais. Tudo muito simples, mas bem acolhedor.
- As datas de encerramento desta etapa e as inscrições e início da próxima etapa de catequese na comunidade paroquial.

ACOLHIDA
▶ Na mesa com cadeiras.

O catequista recebe pais e crianças com amizade e descontração. Depois, o catequista apresenta o objetivo do encontro:

- Vivenciar a Leitura Orante da Bíblia com as famílias.
- Avaliar a caminhada da catequese.
- Encaminhar a celebração de conclusão e a próxima etapa da catequese.

MESA DA PALAVRA
▶ Na mesa da Palavra.

Catequista: Iniciemos nosso encontro mergulhando nossa mão na água que recorda o nosso Batismo.
▶ Dar tempo para todos realizarem o rito.

Catequista: Vamos acender a vela, símbolo da nossa fé que ilumina nossos dias, cantando:

Tua Palavra é lâmpada para meus pés, Senhor. Lâmpada para meus pés, Senhor. Luz para o meu caminho. (2 vezes)

ORAÇÃO INICIAL

Todos: Pai santo, tu nos deste Jesus Cristo como nosso irmão e nosso salvador. Teu Filho é nosso Deus, nossa luz e nossa alegria. Neste encontro, queremos reconhecer Jesus Cristo como nosso Deus e Senhor. Amém!

▶ Catequizando ou familiar lê: Mc 8,27-30. Catequista lê: Mc 8,27-30 e ao final diz:

Catequista: Palavra da Salvação!

Todos: Glória a vós, Senhor!

O QUE A PALAVRA DIZ?

▶ Na mesa com cadeiras.

Catequista:

a) O que Jesus pergunta a dois homens que encontrou pelo caminho?

b) Que respostas deram os discípulos?

c) Que outra pergunta faz Jesus?

d) Quem responde?

e) O que ele diz?

f) O que pede Jesus ao final?

Catequista: Cada um destaca uma palavra, expressão ou frase que chamou sua atenção.

Jesus é o Messias esperado pela humanidade

▶ O catequista explica com suas palavras o texto que segue.

No tempo de Jesus, as pessoas esperavam a chegada de um líder salvador, que eles chamavam de Messias. O grupo de seguidores de Jesus sabe que alguns pensam que o Messias era João Batista, ou teria sido o Profeta Elias. Mas Jesus quer saber quem os discípulos pensam que ele é. Pedro responde que Jesus é o Messias (Cristo). Mas Jesus pede segredo, para que as pessoas percebam realmente quem ele é, e não por alarde ou boato.

Quem as pessoas dizem que é Jesus na atualidade?

▶ Deixar as pessoas falarem.

E para você, quem é Jesus?

▶ Deixar as pessoas falarem.

A FAMÍLIA E A CATEQUESE

Catequista: Juntos, catequizandos, familiares e catequistas, vamos rever o caminho feito na catequese neste ano:

a) O que foi muito bom?
b) O que precisa melhorar?
c) Como foi a participação nas celebrações da comunidade?
d) Que sugestões temos para dar?

SOBRE A CELEBRAÇÃO DA CONCLUSÃO DESTA ETAPA E INSCRIÇÃO PARA A PRÓXIMA

▶ No livro do catequizando, o que segue está na página 99.

a) Quando será? Onde? Em que horário? Convidar os padrinhos de Batismo.
b) Quando se inicia a inscrição para a próxima etapa?
c) Outras informações importantes.

ORAÇÃO FINAL

▶ Na Mesa da Palavra.
No livro do catequizando, o que segue está na página 100.

Todos: Pai querido, nós te agradecemos a vida e a fé. Como é bom conhecer-te, amar-te e aprender com Jesus a andar nos caminhos da paz! Que nossa catequese continue ao longo da vida. Amém!

BENÇÃO FINAL

Catequista: Deus nos abençoe e nos guarde!
Todos: Amém!
Catequista: Ele nos mostre a sua face e se compadeça de nós!
Todos: Amém!
Catequista: Volva para nós o seu olhar e nos dê a sua paz!
Todos: Amém!

ENCONTROS DOS CATEQUIZANDOS COM FAMILIARES EM CASA

1 JESUS ANDA SOBRE O MAR
(MATEUS 14,22-33)

PREPARAR
- Bíblia, vela, água, papel para fazer um barco, canetas coloridas.

ACOLHIDA

Catequizando: Iniciemos nosso encontro mergulhando a mão na água que recorda o nosso Batismo.

▶ Dar tempo para todos realizarem o rito.

Catequizando: Vamos acender a vela, símbolo da nossa fé que ilumina nossos dias.

▶ Enquanto algum familiar acende a vela, pode-se cantar:

Tua Palavra é lâmpada para meus pés, Senhor. Lâmpada para meus pés, Senhor. Luz para o meu caminho. (2 vezes)

ORAÇÃO INICIAL

Todos: Senhor Jesus, nossa família está reunida para escutar tua Palavra. Aumenta a nossa fé para que nada possa nos afastar de ti. Amém!

ESCUTAR A PALAVRA

▶ Um familiar lê: Mt 14,22-33. Catequizando lê: Mt 14,22-33 e ao final diz:

Catequizando: Palavra da Salvação!

Todos: Glória a vós, Senhor!

O QUE A PALAVRA DIZ?

Catequizando ou familiar:

a) O que Jesus obriga os discípulos a fazerem?
b) Para onde vai Jesus sozinho?
c) O que aconteceu com a barca?

d) O que ocorreu antes do amanhecer?
e) O que pensaram os discípulos, quando viram Jesus?
f) O que disse Jesus?
g) Como Pedro reagiu?
h) O que Jesus disse?
i) O que aconteceu em seguida?
j) O que fez Jesus?
k) O que disse Jesus, então?
l) O que ocorreu depois que o vento cessou?

Catequizando: Cada um destaca uma palavra, expressão ou frase que chamou sua atenção.

O QUE A PALAVRA NOS DIZ?

Familiar: Ninguém pode caminhar sobre as águas nem acalmar o vento. Isso é impossível para o ser humano. Mas como Jesus pode fazer isso? Porque Jesus é Deus. Ele veio nos visitar como um ser humano, mas seus discípulos enxergaram sinais e milagres que nenhum homem poderia fazer. Quem está com Jesus não precisa temer as tempestades da vida, pois ele está conosco e nos garante sua paz. Mas é preciso ter fé.

O QUE A PALAVRA NOS FAZ DIZER?

Catequizando: Quando é que sentimos o barco da vida se agitar? Como a fé nos ajuda a enfrentar as tempestades da vida? Em que precisamos crescer para crer mais em Jesus?

ATIVIDADE

- Vamos fazer um barco de papel e depois colocar, de um lado, palavras que representam as agitações de nosso cotidiano e, do outro, desenhar Jesus que nos acalma nas nossas dificuldades. Em seguida, vamos escrever o nome, no barquinho, de todas as pessoas que participaram do encontro.
- Levar o barco para o encontro de catequese.

ORAÇÃO FINAL

Todos: Pai Santo, teu Filho Jesus é nosso Deus e por isso ele pode acalmar o vento e caminhar sobre as águas. Nós reconhecemos a grandeza e o amor de Jesus, mas aumenta a nossa fé para sermos fortes e podermos ajudar outras pessoas a se encontrarem com Jesus. Amém!

BENÇÃO FINAL

Vamos concluir nossos encontros com uma bênção.

Catequista: Deus nos abençoe e nos guarde!

Todos: Amém!

Catequista: Ele nos mostre a sua face e se compadeça de nós!

Todos: Amém!

Catequista: Volva para nós o seu olhar e nos dê a sua paz!

Todos: Amém!

2 NÓS CREMOS EM JESUS
(MARCOS 5,25-34)

PREPARAR
- Bíblia, vela, água, imagem de Jesus.
- Tirar uma foto do encontro para mostrar na catequese.

ACOLHIDA

Catequizando: Iniciemos nosso encontro mergulhando a mão na água que recorda o nosso Batismo.

▶ Dar tempo para todos realizarem o rito.

Catequizando: Vamos acender a vela, símbolo da nossa fé que ilumina nossos dias.

▶ Enquanto um familiar acende a vela, pode-se cantar:

Tua Palavra é lâmpada para meus pés, Senhor. Lâmpada para meus pés, Senhor. Luz para o meu caminho. (2 vezes)

ORAÇÃO INICIAL

Todos: Senhor Jesus, todos que te procuram recebem tua bênção. Nossa família também pede a tua luz e tua força para este momento de oração em torno de tua Palavra. Amém!

ESCUTAR A PALAVRA

▶ Familiar lê: Mc 5,25-34. Catequizando lê: Mc 5,25-34 e ao final diz:

Catequizando: Palavra da Salvação!

Todos: Glória a vós, Senhor!

O QUE A PALAVRA DIZ?

Catequizando ou familiar:

a) O que aquela mulher tinha e há quanto tempo?

b) Perto de Jesus, o que ela disse?

c) O que aconteceu quando ela tocou Jesus?

d) O que disse então Jesus?

e) Como reagiram os discípulos?

f) Para onde Jesus olhou?

g) O que fez a mulher?

h) O que disse Jesus?

Catequizando: Cada um destaca uma palavra, expressão ou frase que chamou sua atenção.

O QUE A PALAVRA NOS DIZ?

Familiar: Aquela mulher doente, devido a um fluxo constante de sangue, sabia que bastava tocar em Jesus para ser curada. Ela tinha fé que Jesus possuía esse poder. Nem todos, entretanto, apresentavam essa fé. Mas ela venceu todas as barreiras, chegou perto de Jesus e foi curada. Jesus percebeu que algo acontecera e, quando a mulher se aproximou, ela demonstrava ter muito medo. Naquele tempo, quando um doente tocava uma pessoa sã, esta ficava contaminada e impura. Mas Jesus não dava atenção a essas opiniões do povo. Sabia que, ao tocá-lo, ele não poderia ficar impuro, e por isso elogiou a mulher que foi ousada em sua fé.

O QUE A PALAVRA NOS FAZ DIZER?

Catequizando:

- Como vai a nossa fé?
- Somos capazes de dizer para nossos vizinhos, amigos e colegas que amamos Jesus ou temos um pouco de receio?
- Como o exemplo daquela mulher nos ensina a ter coragem de demonstrar a nossa fé?

ATIVIDADE

- Todas as famílias podem se colocar perto da imagem de Jesus. Tirar uma foto com o celular e levá-la para a catequese.

ORAÇÃO FINAL

Todos: Pai Santo, teu Filho Jesus cura as doenças e mostra seu imenso amor por nós. Mas nem todos confiam totalmente nele e por isso se perdem. Ensina-nos a amar sempre mais o teu amado Filho Jesus. Amém!

Em nome do Pai, do Filho e do Espírito Santo. Amém!

COMEMORAÇÕES DA IGREJA

Advento: *Advento* significa *chegada*. Antes do Natal, preparamo-nos para a chegada de Jesus Cristo. São quatro semanas nas quais usamos a cor roxa, não cantamos o Glória e aguardamos a celebração do nascimento de Cristo.

Natal: O Tempo de Natal inicia-se na noite de 24 de dezembro e vai até a Festa do Batismo do Senhor (em janeiro). Usa-se a cor branca, que é a cor da divindade, que se manifesta brilhante no Menino Jesus. Canta-se o Glória e se celebra com muita alegria. Diversas festas marcam esse tempo: o nascimento de Jesus, a Sagrada Família de Nazaré, a Mãe de Deus (1º de janeiro) e a Epifania (6 de janeiro). A Festa da Epifania é a manifestação da luz de Cristo a todos os povos, representados nas figuras bíblicas dos reis magos do Oriente.

Quaresma: A Quaresma é um período de quarenta dias, que vai da Quarta-Feira de Cinzas até a Quinta-Feira Santa, antes do anoitecer. Nesse tempo, a Igreja nos convida a uma profunda preparação para a grande Festa da Páscoa, através de penitência, jejum, esmola e oração.

Campanha da Fraternidade: A Conferência Nacional dos Bispos do Brasil (CNBB) passou a assumir o planejamento e a promoção da Campanha da Fraternidade, que, de 1964 até hoje, tem sido um grande instrumento que nos ajuda a vivenciar mais o espírito quaresmal de conversão, nas suas exigências tanto no âmbito pessoal como no comunitário-social. Ela compromete os cristãos à prática da caridade concreta, à transformação da realidade, à construção do projeto de sociedade que Deus quer.

Semana Santa: Marca os últimos dias vividos por Cristo antes de sua paixão, morte e ressurreição. As celebrações iniciam-se no Domingo de Ramos, que é o Domingo da Paixão do Senhor, em que se celebra a entrada triunfal de Jesus em Jerusalém e também a sua paixão e morte na cruz. A Semana Santa encerra-se com a celebração do grande Tríduo Pascal.

Tríduo Pascal: É formado por três dias: Quinta-Feira Santa, Sexta-Feira Santa e Sábado de Aleluia. Celebra a paixão, morte e ressurreição do Senhor. São os dias centrais do ano litúrgico da Igreja, a festa central de todo o Cristianismo.

Quinta-Feira Santa: A ceia do Senhor: nessa noite é celebrada a instituição da Eucaristia e do sacerdócio. Realiza-se, também, a cerimônia do lava-pés. Conforme a tradição, após a missa, acontece a Vigília Eucarística.

Sexta-Feira Santa: É o dia da paixão e morte de Jesus. Não é celebrada missa nas igrejas, mas uma liturgia especial: a Celebração da Paixão do Senhor. Também é costume realizar a via-sacra e a procissão do Senhor morto. É um dia muito especial, de jejum, penitência, oração, abstinência de carne e profundo silêncio. Nem os sinos das igrejas são tocados.

Sábado Santo de Páscoa: Ao chegar a noite do Sábado Santo, os cristãos reúnem-se para celebrar a vigília pascal, que é o momento forte do Tríduo: "A noite da luz", em que a Igreja canta a vitória de Cristo sobre as trevas da morte e do pecado e, exultando, anuncia a aurora da ressurreição. Acontece a bênção da água batismal e do "fogo novo", no qual é aceso o Círio Pascal, a grande vela que é sinal da luz de Cristo Ressuscitado.

***Corpus Christi*:** É a Festa da Eucaristia, instituída por Jesus durante a última ceia, quando ofereceu a seus discípulos o pão e o vinho como seu corpo e seu sangue. Nesse dia, a Igreja celebra com procissões e manifestações públicas a sua fé de que, no pão e no vinho, consagrados na missa, estão realmente o corpo e o sangue de Jesus Cristo.

ORAÇÕES

Sinal da cruz
Em nome do Pai, do Filho e do Espírito Santo. Amém!

Glória
Glória ao Pai, ao Filho e ao Espírito Santo, como era no princípio, agora e sempre. Amém!

Ave-Maria
Ave, Maria, cheia de graça, o Senhor é convosco. Bendita sois vós entre as mulheres e bendito é o fruto do vosso ventre, Jesus. Santa Maria, Mãe de Deus, rogai por nós, pecadores, agora e na hora de nossa morte. Amém!

Creio
Creio em Deus Pai todo-poderoso, criador do céu e da terra. E em Jesus Cristo, seu único Filho, nosso Senhor, que foi concebido pelo poder do Espírito Santo; nasceu da Virgem Maria; padeceu sob Pôncio Pilatos; foi crucificado, morto e sepultado; desceu à mansão dos mortos; ressuscitou ao terceiro dia; subiu aos céus, está sentado à direita de Deus Pai todo-poderoso, donde há de vir a julgar os vivos e os mortos. Creio no Espírito Santo, na santa Igreja Católica, na comunhão dos santos, na remissão dos pecados, na ressurreição da carne, na vida eterna. Amém!

Pai-Nosso
Pai nosso que estais no céu, santificado seja o vosso nome, venha a nós o vosso Reino, seja feita a vossa vontade, assim na terra como no céu; o pão nosso de cada dia nos dai hoje, perdoai-nos as nossas ofensas, assim como nós perdoamos a quem nos tem ofendido, e não nos deixeis cair em tentação, mas livrai-nos do mal. Amém!

Santo Anjo

Santo anjo do Senhor, meu zeloso guardador, já que a ti me confiou a piedade divina, sempre me rege, me guarda, me governa e ilumina. Amém!

Os Dez Mandamentos

1. Amar a Deus sobre todas as coisas.
2. Não tomar seu santo nome em vão.
3. Guardar domingos e festas.
4. Honrar pai e mãe.
5. Não matar.
6. Não pecar contra a castidade.
7. Não furtar.
8. Não levantar falso testemunho.
9. Não desejar a mulher do próximo.
10. Não cobiçar as coisas alheias.

Paulinas

Rua Dona Inácia Uchoa, 62
04110-020 – São Paulo – SP (Brasil)
Tel.: (11) 2125-3500
paulinas.com.br – editora@paulinas.com.br
Telemarketing e SAC: 0800-7010081